3
2

»Ich habe immer wissen wollen,
wieviel an Kälte und Hitze,
an Hoffnung und Angst,
an Krankheit und Kraft,
an Höhen und Tiefen
der Mensch ertragen kann.

Die Grenze, den Rand
der Erschöpfung
wollt' ich erfahren;
wenigstens ahnen,
wann ich verbraucht,
ausgehöhlt, zerbröckelt bin.

Da es höher nicht ging,
suchte ich weiter,
in der Wiederholung, der Serie
glaubte ich endlich,
die Antwort zu finden:
›Bis hierher und nicht weiter.‹

Die Tat aber löst die Antwort immer
wieder auf.«

Reinhold Messner

Mein großes

Himalaja-Jahr

Bildnachweis

Satellitenbilder vorderer Vorsatz und hinterer Vorsatz mit freundlicher Genehmigung der NASA. Reproduktion: NOAA – National Oceanic and Athmospheric Administration.

Schwarz-weiß-Bilder von Vittorio Sella mit freundlicher Genehmigung des Istituto di Fotografia Alpina »Vittorio Sella«, Biella.

Die Gemälde von Luis Stefan Stecher hat Dieter Drescher, Meran, aufgenommen.

Alle übrigen Fotos stammen aus dem Archiv von Reinhold Messner und von seinen Expeditionsteilnehmern von 1982/83: Friedl Mutschlechner, Nena Holguin, Nazir Sabir, Sher Khan, Uschi Demeter, Hans Peter Eisendle, Anna Hecher, Voytek Kurtyka, Hans Kammerlander, Dr. Oswald Oelz, Bruno Laner, Luis Stecher, Ulrike Stecher.

Titelbild: Reinhold Messner auf dem Klosterhügel von Leh in Ladakh

Vorderer Vorsatz: Satellitenbild des Himalaja mit Mount Everest und Cho Oyu:
Nr. 8-2662-03542-500;
eingeblendet Kangchendzönga:
Nr. 8-2732-03402-500
① Kangchendzönga, ② Mt. Everest, ③ Cho Oyu

Seite 1: Im Eisbruch der Kangchendzönga-Nordwand

Seite 2/3: Yak im winterlichen Himalaja

Seite 4/5: Friedl Mutschlechner und Reinhold Messner im Hochlager 2 am Kangchendzönga

Innentitel: Sonnenaufgang am K 2 im Karakorum, rechts der Broad Peak

Hinterer Vorsatz: Satellitenbild des Karakorum mit K 2, Broad Peak und Gasherbrum II. Scene Identification: E-30135-04492-5
④ K 2, ⑤ Broad Peak, ⑥ Gasherbrum II

Für den Abdruck von Erich Frieds Gedicht auf Seite 10 erteilte der Verlag Klaus Wagenbach, Berlin, die freundliche Genehmigung.

Impressum

1. Auflage Oktober 1983
2. Auflage Dezember 1983

Redaktion: H. Rochus v. Zabuesnig

Layout und Herstellung: Franz Nellissen

Satz und Umschlaggestaltung:
Atelier Hans Numberger, München

Übersichtskarte:
Kartographie Huber & Oberländer, München

Lageskizzen: b & i Design, München

Gesetzt aus: Times Roman

Gesamtherstellung:
Mohndruck Graphische Betriebe GmbH, Gütersloh

Printed in Germany

ISBN 3-7766-1281-9

Reinhold Messner

»Alles in Reinholds Leben ist veränderbar, nicht aber seine Bergbesessenheit.« Uschi Demeter

Hans Peter Eisendle

Uschi Demeter

»Ohne Reinhold wäre das ganze Unternehmen zerflattert.«
Luis Stecher

Luis Stefan Stecher, Jul Bruno Laner

Zwischen Mai 1982 und Mai 1983 hat Reinhold Messner auf vier Achttausendern gestanden. Das Buch dazu entstand aus Bildern und Tagebuchauszügen seiner Expeditionsteilnehmer.

Inhalt

Kangchendzönga, 8598 m

Gasherbrum II, 8035 m

»Ich habe den Eindruck, daß das Leben im Messner-Umfeld kein leichtes ist: Nur wer etwas leistet, zählt.«
Anna Hecher

Broad Peak, 8048 m

»Jeder hat seine Probleme mit sich heraufgeschleppt, und fast scheint es, als könne er sie sich hier von der Seele reden.« *Ulrike Stecher*

Cho Oyu von Süden, 8202 m

Cho Oyu von Südwesten

Diesmal will ich ganz hinauf, die Erlösung am Höhepunkt der Schinderei erleben.

Friedl Mutschlechner

»Sisyphos
staubig
und satt
vom Mehl
seines Steines
hat Angst:
Der Stein nützt sich ab

Die Sinnlosigkeit
der ewige
verfluchte
Sinn seiner Arbeit
selber
vom Fluch geschlagen

Kleiner
dem schwindenden Stein gleich
das Mitleid der Schatten
das ihm Kraft
zur Ohnmacht gegeben hat

Bald rollt nur
ein Kiesel
am geschundenen Steilhang
Was bleibt?

Nichts als Qual
seine Qual
überlebt zu haben«

Erich Fried

Friedl Mutschlechner

Panorama des Kangchendzönga-Massivs von Nordosten von Vittorio Sella

»Zu Hause versuche ich so wenig wie möglich darüber zu sprechen. Mein Sohn René verschwindet sofort in seinem Zimmer, sobald von der Expedition die Rede ist. Marianne, meine Frau, beherrscht sich, um nicht in Tränen auszubrechen. Je näher der Tag meiner Abreise kommt, desto gespannter wird unsere Beziehung.«
Friedl Mutschlechner

Jannu von Norden

Es war nicht meine Idee. Aber sie faszinierte mich. Drei Achttausender hatte noch nie jemand innerhalb eines Jahres bestiegen. Als Friedl Mutschlechner, der einfallsreiche Bergsteiger aus dem Südtiroler Pustertal, zu mir kam, und den Vorschlag auf den Tisch legte, war ich zuerst sprachlos. Am nächsten Morgen stimmte ich zu. Monatelang lebte ich nur für dieses Ziel. Die Ahnung, ich könnte mich abnutzen, war mir abhandengekommen. Die Frage, warum ich mich immer und immer wieder die Berge hinaufquälen muß, wurde zur Farce. Mir war, als ob es Sinnlosigkeit nie auf dieser Erde gegeben hätte.

Im Sommer 1981, es war auf der Hintergrathütte am Ortler, entwickelten Friedl und ich dann einen genauen Plan. Im Mai 1982 hofften wir, den Kangchendzönga in Nepal zu besteigen. Dafür besaß ich eine Genehmigung. Anschließend wollten wir über Indien nach Pakistan reisen und zwei Achttausender im Karakorum erklettern. Das alles klang wie ein Lausbubenstreich und es verband uns wie Komplizen.

Im späten Herbst reiste ich nach Pakistan und verhandelte mit den zuständigen Behörden. Mit der Zusage, im Rahmen einer einzigen Karakorum-Expedition Broad Peak und Gasherbrum II besteigen zu können, kehrte ich heim. Der Hattrick war möglich geworden!

Friedl gehörte nicht zu den Marktschreiern unter den Bergsteigern, aber ehrgeizig war auch er, ehrgeizig wie jeder, der sein Leben in Taten ausdrücken will.

Mitte März 1982 Flug nach Kathmandu: Für ein halbes Jahr alles hinter sich lassen, das Gefühl beim Aufbruch, daß Zurückkommen nicht wichtig ist. Erst in der Mitte des langen Weges zum Berg – er dauerte knapp drei Wochen – stand weit weg die Hoffnung auf ein Ende im Raum, wie ein vereinzelter Strauch in der kargen Welt am Fuße des Himalaja. Wir sahen während der Expedition keinen anderen Fremden. Vielleicht kamen wir uns deshalb in den höchsten Siedlungen weniger fremd vor als sonst.

In Gunza, dem letzten ganzjährig bewohnten Dorf – ein Weiler mit zwei Dutzend Holzhütten zwischen steile Granitfluchten gezwängt – liefen uns die Träger fluchtartig davon. Offensichtlich fürchteten sie die Bergbewohner, die wie der Volksstamm der Sherpa vor Jahrhunderten von Tibet über den Himalaja nach Nepal herübergewechselt waren. Die Männer von Gunza achteten sorgfältig darauf, daß niemand in ihr Monopol einbrach. Oberhalb ihres Dorfes trugen nur sie oder ihre Yaks die Lasten und sie ließen sich ihre Trägerdienste dreimal höher honorieren als sonst in Nepal üblich.

Drei Tage Fußweg waren es noch von Gunza bis Pangpema, wo wir das Hauptlager aufbauen wollten. Es wurden drei aufregende Tage. Unser Puls ging nicht nur wegen der dünnen Luft schneller. Der Anblick des formschönen Jannu, des Kangbachen, des Tent Peak weckten alle unsere Sinne. Und dann der Kangchendzönga mit seiner Nordflanke!

Von Pangpema, einer fußballplatzgroßen Flachstelle auf der Anhöhe der orographisch rechten Randmoräne des Kangchendzönga-Gletschers, war der Gipfel

»In der Dunkelheit kann ich inzwischen das Rauschen des Windes vom Rauschen der Lawinen unterscheiden.«
Friedl Mutschlechner

noch 15 Kilometer entfernt. Wir sahen die Lawinen am Wandfuß und die Schneefahnen am Gipfel. Erstmals kamen uns ernsthafte Zweifel an der Durchführbarkeit unseres Plans. Für nur zwei, mit einer handvoll Sherpa für Küche und Nachschub schien diese Wandflucht zu groß. Zweifel am eigenen Können mischten sich mit Hoffnungslosigkeit. Wir vertrieben uns die Angst zuerst mit banalen Witzen. Dann mit irgendwelchen »Handarbeiten«. Wir schärften die Steigeisen oder überprüften die Zeltstangen. Wir redeten viel. Schweigen wäre unerträglich gewesen.
Die Angst wuchs bis zu dem Tag, als wir aufbrachen. Mit jedem Schritt nach oben, mit dem Eindringen in die lebensbedrohende Wildnis wurde sie uns vertrauter. Wir nahmen den Berg mehr und mehr in Besitz. Mit den Augen, mit Händen und Füßen tasteten wir ihn ab. Jetzt lernten wir, Entfernungen abzuschätzen, Lawinenbahnen zu berechnen. In dem Maß, in dem wir die Wildnis zu ermessen vermochten, begriffen wir auch uns. Unser ganzes Wesen wurde der Maßstab für diese Welt hier oben.
Das erste Lager – drei Zelte, ausgestattet mit dem Allernotwendigsten – erstellten wir auf einer von Spalten zerrissenen Schneefläche in der Mitte einer grandiosen Arena. In einem riesigen Halbrund, bis zu zweieinhalbtausend Meter hoch, von kilometerlangen Séracbänken durchzogen, baute sich über uns die Gipfelwand des Kangchendzönga auf. Jetzt wirkte sie nicht mehr demoralisierend oder unmöglich. Jetzt war sie nur noch geheimnisvoll. Vor allem dann, wenn gegen Abend dünne Nebel den Kessel füllten und der Gipfel wie eine Fata Morgana violettblau hindurchschimmerte – unendlich weit weg.

Delphinium glacialis am Kangchendzönga

»Der Jet-Stream, der kalte Wintersturm, der oft 150 Stundenkilometer schnell über den Himalaja und den Transhimalaja fegt, kommt aus Nordwest. Die lange Schneefahne am Gipfel zeigt seine Richtung an.«
Reinhold Messner

Am Nordgrat des Kangchenzönga, Hauptgipfel

»Jetzt erst wird mir bewußt, was das bedeutet: Umkehr. Verzweifelt schauen wir uns an. Meter für Meter haben wir hart erkämpfen müssen, mit jedem Schritt sind wir dem Ziel nähergekommen. Nun, auf 7300 Meter, scheint alles zu Ende zu sein. Wir stehen da und keiner will es aussprechen.«
Friedl Mutschlechner

»Die ganze Nacht bin ich wach, drehe ich mich dauernd von einer Seite auf die andere. Ich ärgere mich über meine Unruhe. So kann auch Reinhold kein Auge zutun. Sicher spürt er meine Spannung. Wir reden nicht viel. Der Wind bläst ununterbrochen. Ständig zerrt er an den Zeltwänden. Gegen morgen höre ich Ang Dorje Eis für den Tee holen. Dabei dringt eisige Kälte durch die kleine Zeltöffnung. Langsam beginne ich mich anzuziehen. Es ist anstrengend, in die steifgefrorenen Schuhe zu steigen. Ich bin nervös und versuche, mich zur Ruhe zu zwingen. Es dauert lange, bis ich fertig bin. Dann lege ich mich hin, um Reinhold Platz zu machen. Die Zelte sind so klein, daß sich nicht zwei zugleich anziehen können.«
Friedl Mutschlechner

Friedl Mutschlechner beim Abstieg

Zwei Wochen lang kletterten wir, brachten da und dort Fixseile an. Als eine kleine Hoffnung bestand, den Gipfel zu erreichen, hatten wir keinen Meter Seil mehr. Wir stiegen ins Basislager ab, rasteten einige Tage lang und wagten den Durchstieg. Es sollte eines meiner härtesten Abenteuer werden, ein wochenlanger Gang am Rand der Verzweiflung. Zuerst quälten mich Schmerzen in Lunge und Leber. Im Biwak am Nordgrat, 7600 m hoch und den Weststürmen ausgesetzt, begann es zu schneien. Der Wind nahm von Stunde zu Stunde zu, die Sicht wurde geringer. Nach fünf Aufstiegstagen lagen wir in zwei winzigen Zelten und wußten, daß uns nur ein Versuch blieb. Entweder wir erreichten den Gipfel jetzt oder nie mehr. Bei einem weiteren Anlauf würden wir wohl nicht mehr so hoch kommen. Das Wetter war am Morgen des 6. Mai weder gut noch schlecht, der Wind mehr als eine Plage. Keiner sprach vom Rückzug. Im aufgewirbelten Schnee, hoch über den Quellwolken in den Tälern, stiegen wir an Schneehängen, an Felsgraten entlang immer weiter aufwärts.
Seit wir den letzten Lagerplatz verlassen hatten, konnte ich nichts mehr aufnehmen. Es gab keine Linien, keine Gestalten, keine Tiefe mehr um mich. Was ist denn Raum, wenn die Zeit sich auflöst?
Am Gipfel, es war schon nach drei Uhr, wußte ich nur noch, daß wir uns verausgabt hatten. Auch Ang Dorje, der höhentaugliche Sherpa, schleppte sich herum wie ein todkranker Mann. Der Treibschnee in den Mulden und die letzten zehn Seillängen hatten uns ausgelaugt. Dazu der drängende Sturm. Ich kannte dieses Nicht-mehr-wollen. Sitzenbleiben und sterben wäre einfach gewesen. Friedl hielt offensichtlich nur noch das Bewußtsein auf den Beinen, ganz oben zu sein. Der Orkan wurde mit jeder Minute stärker. Ich sagte nicht, wir müssen jetzt hinuntergehen. Ich ging einfach. Dabei immer die Gefahr, aus dem Gleichgewicht zu kippen, wenn der Körper den Balanceverlust in einer Sturmbö auszugleichen versuchte.
Beim endlosen Abstieg über die kirchturmsteile Gipfelwand rettete uns nur noch der tierhafte Instinkt, im gefährlichen Augenblick das Richtige zu tun.
Die Nacht verbrachten wir wieder am Nordgrat, in den winzigen Zelten, die der Jetstream aus Tibet aufblähte und zusammendrückte wie leere Luftballons. Wir waren immer noch mehr als 8000 Meter hoch.
Der Kocher lag in Ang Dorjes Zelt, aber auch der Sherpa war nicht fähig, eine Handvoll Schnee zu schmelzen. Wenn nicht das Bewußtsein dagewesen wäre, wir müßten trinken, wir hätten es vergessen. Durst hatte keiner. Meine Kehle war so verklebt, daß ich öfters in dieser Nacht aufschreckte, mit der Angst zu ersticken. Am schlimmsten war der Halbschlaf. Steine und Eisstücke prasselten aufs Zelt. Als im Unterbewußtsein das Zeltgestänge durch meinen Bauch stieß, erlebte ich den Schreck als Schmerz. Dabei weiß man auch im Halbschlaf, daß man überlebt hat. Trotz des sich allmählich zerschleißenden Zeltes blieb ich gelassen, wenn ich wach lag. Ich sah im ersten Zwielicht des anbrechenden Tages, wie sich die Schichten der Zeltplane voneinander trennten, wie sie aufplatzten, wie die Katastrophe begann. Ich sah es ohne Panik. Ich war Beobachter, nicht betroffen. Ich lebte noch, der Schlafsack um meinen Körper war ein einziger Eispanzer. Meinen Verstand beschäftigte die Auflösung des Zeltes, die Auflösung der Welt. Ich suchte eine Antwort, jetzt ganz rational. So, wie man eine Rechenaufgabe löst. Das alles erschien mir logisch, selbstverständlich. Wenn ich innerhalb einer halben Stunde gestorben wäre, erfroren, im Sturm erstickt, es hätte in die folgerichtigen Beobachtungen meiner Gedankenkette gepaßt. Friedl riß mich wach. Nichts wie weg! Hinunter! Wie wir sitzend, im aufgerissenen Zelt, in dem der Wind den

»Jeder ist sich der äußerst gefährlichen Situation bewußt. In solchen Augenblicken hasse ich die Berge und meine Beweggründe kommen mir fadenscheinig vor.«

Friedl Mutschlechner

Abseilen im Eisbruch

»Die psychische Belastung ist so groß, daß ich gar nicht mehr zu fotografieren wage.«

Friedl Mutschlechner

Sella-Panorama der Kangchendzönga-Gruppe von Norden

Schnee umhertrieb wie einen Kreisel, die Schuhe anzogen, weiß ich nicht mehr. Mütze und Handschuhe waren Eisklumpen. Jetzt wieder Todesangst. »Wir sind verloren«. Es war doch alles so logisch gewesen.

Niemals zuvor in meinem Leben hatten die Lust, ewig leben zu wollen, und der Wunsch, auf der Stelle zu sterben, so nahe beieinandergelegen wie jetzt. Mit aller Energie ging ich gegen den Sturm an. Er warf mich zur Seite. Ich stand wieder auf – umbringen kann sich jeder! – und schaffte den Anschluß an den Freund. Jeder rettete sich selbst und jeder rettete mit seinem Leben auch den anderen. Allein wäre keiner mehr durchgekommen. Trotzdem nicht das geringste Gefühl, ein Held zu sein.

Als ich über die spiegelnde Eisfläche ins zweite Hochlager abstieg, war ich schon wieder weit voraus. Vier- oder fünfmal rutschte ich aus und hing hilflos in den Seilen. Ausgepumpt. Wir befanden uns jetzt im Windschatten. Wo blieb der ohrenbetäubende Lärm des Sturms? Plötzlich merkte ich, wie ich jemandem immerzu erzählte, ohne daß da jemand war. Redete ich laut oder nur zu mir selbst? Jedenfalls waren es ausufernde Berichte, ganze Redeschwälle, die aus mir herausbrachen.

Erst im zweiten Lager, wo die Sherpa auf uns warteten, konnten wir wieder trinken, schlafen. Von hier waren wir fünf Tage vorher aufgebrochen, um die zweite Wandhälfte im Alpenstil zu durchsteigen, mit zwei Biwaks, ohne Maske. Von hier abwärts war der Weg gesichert.

Der weitere Abstieg vollzog sich wie im Traum, in einer eigentümlichen Seelenruhe. Wie ich am großen Eisüberhang ausglitt und im Seil pendelte, erlebte ich innerlich widerstandslos, als sei mir der Körper abhanden gekommen. Ich war nur noch ein sich bewegender Schatten. Nichts von innen und nichts von außen störte mein Wesen. Alles umbebte mich – ohne Fremdsein.

Als wir wenig unterhalb des Eisfalls waren, brach ein riesiger Sérac über uns ab. Ich lief nicht davon. Ich Schutz des Rucksacks auf den Schnee gekauert, wartete ich die Lawine ab. Ich verspürte nicht einmal Angst, ich zelebrierte das Sterben. Als der Schneestaub abgesunken war, kam einen Augenblick lang das Bedürfnis, dankbar zu sein. Keinen Moment allerdings fragte ich mich: dankbar wem?

Ins Basislager zurückgekehrt, brach, noch vor der Krankheit, eine Art Wahnsinn in mir aus. Ich löste mich von meinem Schock. Ich erzählte, erzählte, erzählte. Ich mußte erzählen und redete, oft wie unverstanden, laut vor mich hin.

Friedl erzählte später einige Situationen ganz anders. So lebendig mir einzelne Momente in Erinnerung geblieben waren, andere fehlten völlig. Es gibt also kein gemeinsames Gedächtnis. Wie es genau genommen »die Seilschaft« nicht gibt. Es gibt immer nur den einen und den anderen.

Wir drei hatten mit unseren ausgedörrten Körpern einen Orkan in der Todeszone überlebt. Die Folgen blieben nicht aus. Friedl hatte sich Finger und Zehen erfroren; ich spuckte Blut. Nur Ang Dorje lebte nach zwei Tagen Rast wieder auf; so wie fast totgeschlagene Katzen wieder aufleben.

Gunza

Im Ministerium für Tourismus in Kathmandu

»An der Südseite, vom Wind geschützt, quälen wir uns aufwärts. Ich bin ausgelaugt, meine Beine wollen mich nicht mehr tragen.«
Friedl Mutschlechner

Ein Hubschrauber hätte unseren Rückweg abkürzen können. Aber wer garantierte uns, daß er auch kam? Wir mußten zu einem Arzt, und zwar bald. Der sicherste Weg dorthin war der Fußweg. Mit einem Dutzend Träger schleppten wir uns nach Gunza. Es regnete viel. Da und dort lag noch Schattenschnee.
Zehn Tage lang, auf dem Weg vom Basislager bis nach Dharan, glaubte ich wenigstens einmal am Tag, sterben zu müssen. Friedl stapfte in seinen schweren Bergstiefeln verbissen talwärts. Er mußte seine schwarzgefrorenen Zehen schützen. Jeder Tritt bereitete ihm Schmerzen.
Nochmals zehn Tage später, in Kathmandu, nach Blutuntersuchungen und Röntgenaufnahmen, erreichten die Schmerzen ihren Höhepunkt. Die Ärztin, bei der ich meine Blutwerte abholte, wollte nicht glauben, daß ich der Patient war. Sie vermutete mich schon im Grab. Nur Dr. Peterson, ein Amerikaner, könnte mir helfen, meinte sie dann.
»Wenn sich nach meiner Therapie innerhalb einer Woche nichts ändert«, meinte Dr. Peterson, »müssen Sie nach Europa, in ein gutes Krankenhaus«.
»Operieren?«
»Ja, Operation«, sagte er und draußen schien die Sonne. Dieses weiche Licht jetzt vor dem Monsun. Das machte die Praxis so hell.
Bis dahin hatte ich gedacht, daß Leute, die mir auf der Straße nachsahen, sich nur deswegen nach mir umdrehten, weil sie mein Gesicht kannten. Plötzlich merkte ich, daß die Leute an mir hinabsahen, als sei ich ein Todgeweihter; wenn ich zurückblickte, senkten sie die Augen.
Dr. Peterson hatte eine abklingende Lungenentzündung diagnostiziert und einen Amöbenabszeß in der Leber. Er pumpte mich mit Antibiotika voll. Ich saß tagelang im Hotelzimmer und schrieb, über meinen Plan, über die Wahrscheinlichkeit des Scheiterns. Dieses anfallartige Schreiben kam mir feige vor, wie Ersatzbefriedigung, wie Hinauszögern. Ich mußte heimfahren oder weitermachen, ich mußte etwas *tun*. Friedl war allein abgereist, ich war nun mit Hoffnung und Zweifel allein.
Plötzlich, beim Zähneputzen, erinnerte ich mich, wo und wann ich mich infiziert hatte. Am dritten oder vierten Tag während des dreiwöchigen Gehens ins Basislager war es gewesen. Ich hatte Durst, eine alte Frau brachte Tschang, das lokale Reisbier. Schon beim Aufstieg ins erste Hochlager spürte ich Schmerzen. Die Kletterei aber forderte mich so, daß ich das Stechen in der rechten Seite nicht nur vergaß, es verschwand sogar ganz.
Drei Wochen lang waren Friedl und ich über Eiswülste, endlose Steilwände, sturmgepeitschte Grate geklettert. Der Gang zum Gipfel war wie eine Flucht nach vorn gewesen – der letzte Ausweg. Als wäre der Abstieg nicht denkbar, ohne vorher ganz oben gewesen zu sein. So waren wir in den Jetstream geraten. Ich erinnerte mich jetzt in Kathmandu an diesen Sturm so, als hätte er sich besänftigt. Dabei war er das Alles-Umfassende gewesen. Frag mich nicht, warum wir trotz des wachsenden Orkans zum Gipfel gehen mußten.

Kangchendzönga, 8598 m, Nord und Nordost

»Wie ich am frühen Morgen des 7. April den Kopf aus dem Zelt stecke, bleibt mir der Atem weg. Erstmals sehe ich die Nordwand des Kantsch in ihrer ganzen Größe: fünf Kilometer breit und über dreitausend Meter hoch. Sie wird von drei riesigen Eisbalkons unterbrochen. Haben wir uns da nicht zuviel vorgenommen?«
Friedl Mutschlechner

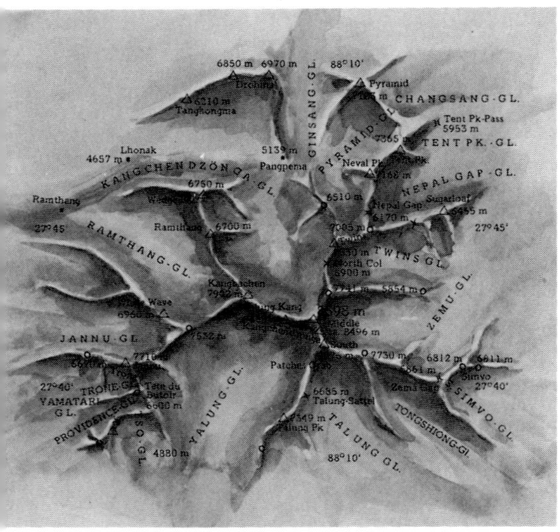

Lageskizze des Kangchendzönga

Geographische Lage: Sikkim Himalaja
27° 42′ 09″ n.Br. 88° 09′ 00″ ö.L.

1848/49 J.D. Hooker, ein britischer Botaniker, umrundet in zwei Reisen den Berg nahezu.

1899 Umrundung des Berges unter der Leitung von D.W. Freshfield. Der berühmte italienische Fotograf Vittorio Sella und sein Bruder Erminio sind mit von der Partie.

1929 Paul Bauer leitet eine deutsche Expedition (9 Mann) zum Nordostsporn. Höchste erreichte Höhe ca. 7400 m. Eine großartige Pionierleistung.

1930 G. O. Dyhrenfurth führt eine internationale Expedition zur Nordflanke. Nach einem Versuch, den Nordgrat zu erreichen, wobei der Sherpa Shetan in einer Eislawine stirbt, wird der »Angriff« auf den Nordwestgrat verlagert. Höchste erreiche Höhe ca. 6400 m.

1931 Zweite Expedition Paul Bauers zum Nordostsporn. Diesmal wird sogar eine Höhe von ca. 7700 m erreicht. Hermann Schaller und ein Sherpa stürzen tödlich ab; der Sirdar erkrankt und stirbt.

1977 Col. N. Kumar führt eine indische Militärexpedition zum Nordostsporn. Über diesen und den Nordgrat erreichen Prem Chand und Nima Dorje Sherpa am 31. Mai den Gipfel. Ein tödlicher Unfall (2. Besteigung).

1979 Doug Scott, Peter Boardman und Joe Tasker erreichen am 16. Mai den Gipfel ohne Sauerstoffgeräte von Norden her (3. Besteigung). Die Kleinexpedition steigt vom Nordcol aus im Alpenstil auf.

1980 Zwei Gipfelmannschaften gelingt im Rahmen einer japanischen Nordwand-Expedition unter der Leitung von Masatsugu Konishi am 14. bzw. 17. Mai der Aufstieg bis zum Gipfel. Eine großartige Nordwandroute wird erschlossen (4. Besteigung). Diese Route wird 1981 von tschechischen Bergsteigern wiederholt (7. Besteigung).

1982 Mit der Unterstützung einer Handvoll Sherpa (Ang Dorje als Gipfelmann) steigen Friedl Mutschlechner und Reinhold Messner ohne Sauerstoffmasken und teilweise im Alpenstil über eine Variante zum Gipfel (10. Besteigung).

1983 Der Versuch einer bayrisch-nepalesischen Expedition unter der Leitung von Hermann Warth, eine neue Route links der Japanerführe zu eröffnen, scheitert in ca. 8000 m im Schneesturm.

Günther Oskar Dyhrenfurth

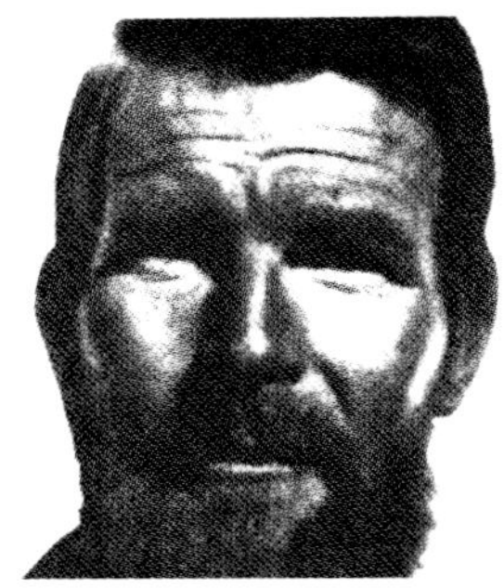

Kangchendzönga, 8598 m.
Am 6. Mai 1982 erreichen Reinhold Messner, Friedl Mutschlechner und der Sherpa Ang Dorje den Gipfel. C = Camp; B = Biwak.

Engländerroute, 1979 — — — — — — —
Messnerroute, 1982 ————————
Japanerroute, 1980 —•—•—•—•—
Route der Inder, 1977 ○○○○○○○○○○○○○○○○○○○○
Warthroute, Versuch 1983 • • • • • • • • •

Der Kangchendzönga von Nordosten, Zemu-Seite

Paul Bauer

B2
C2
C1
BC

Kangchendzör

ga

»Begegnungen mit anderen Menschen, die ich hier suche, vermied ich in Bruneck in Südtirol so gut es ging. Alle drehten sich dort nach mir um. ›Ah, der geht jetzt mit dem Messner. Der spinnt auch schon‹. Andere starrten mich an, als sei ich vom Tode gezeichnet. Nur wenige meiner Freunde verhielten sich normal.«

Friedl Mutschlechner

Vorhergehende Doppelseite:
Aufstieg zum Lager I

Kinder in Nepal

Reinhold Messner mit seiner Tochter Layla in Kathmandu

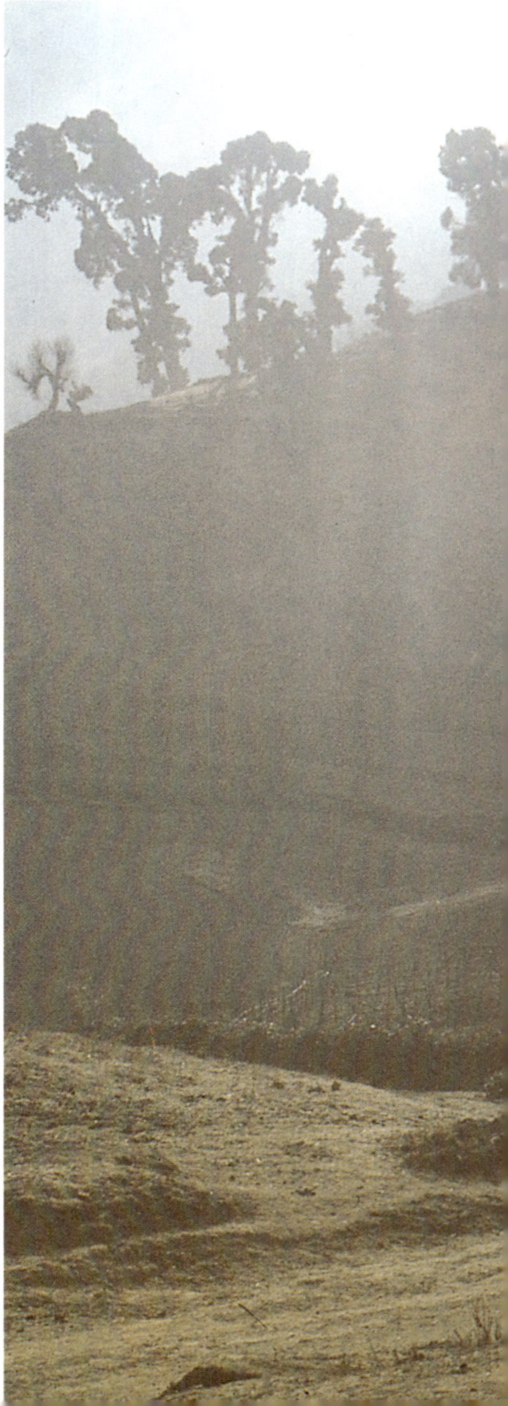

»Was wäre, wenn ich nicht mehr nach Hause zurückkommen würde? Ich stelle mir ständig solche Fragen und wage nicht, sie auszusprechen. Warum eigentlich? Ist das die Angst vor dem Tod? Daheim wollte ich Marianne nicht beunruhigen. Aber hier? Mir ist bewußt, daß dieses Unternehmen mit Fragezeichen gespickt ist.«

Friedl Mutschlechner

Der Anmarschweg

Nepali-Frau mit Kind

Suke-Pokhari, ein Dorf auf dem Weg zum Kangchendzönga

»Die Kinder tanzen um die Zelte und schreien: Plastic-house, plastic-house! Friedl Mutschlechner

Alte Frau
Bub in Gunza
Typisches Haus

Vater und Tochter beim Spielen
Wildente
Zaungäste

Gunza

»Je weiter ich mich von der Zivilisation entferne, desto mehr wird mir bewußt, wie hart hier das Leben ist.«
Friedl Mutschlechner

»Wenn unser Mut nicht ausreicht,
ist die Expedition hier schon zu Ende.«
Friedl Mutschlechner

Wildes Bergschaf
Layla
Das Basislager mit der Nordwand des Kangchendzönga

Im Basislager

Mädchen aus Gunza, die immer wieder frische Nahrungsmittel brachten.
Reinhold Messner studiert die Wand
Holzträger beim Basislager

»Langsam gewöhne ich mich an den Anblick der riesigen Wand. Ich kann mich nicht an ihr sattsehen. Zu allen Tageszeiten, in immer anderen Lichtstimmungen bestaune ich den Berg. Mit Reinhold studiere ich die Wand, wir versuchen, Linien an ihr zu ziehen.«

Friedl Mutschlechner

»Die Landschaft um uns gleicht einem riesigen Amphitheater. Das Gewaltigste und Eindrucksvollste, was ich je an Fels- und Eismassen gesehen habe.«
Friedl Mutschlechner

Zum Lager I

Aufstieg zum Lager 1
Senkrechte Eisstufe unterhalb Lager 1

Friedl Mutschlechner erklettert die Eisstufe
Lager 1, ca. 6000 m, mit der Nordwand des Kangchendzönga
Aufbruch in Pangpema in die Wand

»Im vierstufigen Eisfall an der Nordwand des Kantsch stoßen wir auf die größten Schwierigkeiten. Die erste und leichteste Stufe, die 1930 die Dyhrenfurth-Expedition gestoppt hatte, erklettern wir frei, die zweite führt Friedl, die dritte umgehen wir durch einen Kamin.«

Reinhold Messner

Im Eisbruch

Quergang in der Spalte
Sichern an Eishaken
Ang Dorje erklettert den zweiten Wulst am Fixseil
Zwischen der ersten und der zweiten Eisstufe

Friedl Mutschlechner an der Schlüsselstelle am zweiten Sérac
Der Durchschlupf am dritten Wulst

ALPIN
EDE

Zum Lager 2

»Es ist sonderbar, heute kommt mir manches schon weniger gefährlich vor. Es ist selbstverständlich, daß wir da hinaufsteigen. Der Mensch kann sich an Gefahren gewöhnen.«
Friedl Mutschlechner

»Das unbeschreibliche Gefühl, die 8000-Meter-Grenze zu überschreiten, treibt mich voran.«
Friedl Mutschlechner

Knapp oberhalb von Lager 2
Das Labyrinth am Ende des Eisbruchs
Der Mittelteil der Kangchendzönga-Nordwand
In der vierten Stufe im Eisbruch
Lager 2
Reinhold Messner in der dritten Stufe

CARRERA

Der Aufstieg zum Gipfel

»Immer öfter muß ich rasten. Ich konzentriere mich auf die Spuren, die Reinhold vor mir in den Schnee tritt. Er steigt wie ein Roboter, trotz seiner Lungenbeschwerden. Sein ganzes Sein ist auf den Gipfel fixiert und hat die Krankheit beiseitegeschoben.«
Friedl Mutschlechner

»Klettern in einer so großen Wand und an einem so großen Berg heißt, täglich mit dem möglichen Scheitern konfrontiert sein. Und das Höherkommen ist immer auch ein Durchbrechen von Grenzen, ein Durchbrechen von Zweifeln und Ängsten.«
Reinhold Messner

Tiefblick zum Kangchendzönga-Gletscher, links der Yalung Kang
In den letzten Seillängen, Südseite
Ein Schluck aus der Flasche

Die letzten schwierigen Meter in der Stufe vor dem Plateau unter der Gipfelwand
Der Kangchendzönga-Gipfel von Norden

»Ich bin glücklich und möchte etwas sagen. Es kommen nur Tränen.«
Friedl Mutschlechner

Reinhold Messner und Friedl Mutschlechner zwei Meter unterhalb des Kangchendzönga-Gipfels. Die Vermessungsstange wurde 1977 von Indern aufgestellt.

Friedl Mutschlechner nach dem Gipfelerfolg

»Bei allem Glücksgefühl sind wir müde und ausgelaugt. Wir haben für den Aufstieg alles vergeben. Wir haben nichts mehr, was wir dem Sturm entgegensetzen können. Wir frieren erbärmlich, der eisige Wind nimmt uns jede Sicht. Mühsam suchen wir blind unsere Tritte. Ich muß mir das Eis mitsamt den Wimpern von den Augen reißen, um wenigstens Umrisse erkennen zu können. Plötzlich habe ich das Gefühl, zu erblinden.«
Friedl Mutschlechner

Am Gipfel

»Schlafen auf dieser Höhe und bei minus 30 Grad, das ist nichts als ein Vor-sich-Hindösen, ein unangenehmes Warten auf den nächsten Tag. Von Erholung kann keine Rede sein.«
Friedl Mutschlechner

Reinhold Messner beim Abstieg vom Gipfel
Das zerstörte Biwak am Nordgrat

Der Abstieg

»Beim Rückzug – wie auch am Gipfel des Kantsch – war ich nur noch umgeben von Berg: umgeben von Wolken, Schnee, Wind. Diesen Halo in den Nebeln sehe ich erst auf den Bildern. Wir sind auf ihn zugegangen, als ob diese Aura zu diesem Ort gehörte. Wir selbst, wie auch die Sonne oder der Berg hatten aufgehört, die Hauptsache zu sein.«

Reinhold Messner

Im Abstieg zwischen den Séracs und Lager 1, erstmals kommt wieder die Sonne durch.

Reinhold Messner beim Abstieg
Die Wand wird geräumt

Der Rückweg

Ein letzter Blick zum Kangchendzönga

Friedl Mutschlechner tastet sich mit seinen Erfrierungen talwärts

Friedl Mutschlechners erfrorene Finger

Der kranke Reinhold Messner

In der Expeditionsküche nach dem Gipfelerfolg

»Die Sherpa kochen uns heißen Tee und langsam kehren die Lebensgeister zurück. Erst jetzt wird uns bewußt, daß wir ums Überleben gekämpft und gewonnen haben.«

Friedl Mutschlechner

»Wir können es uns nicht leisten, auch nur einen Tag zu verlieren mit untätigem Warten auf Hilfe von außen. So haben wir uns auf den Weg gemacht. Nach und nach haben wir wieder Augen für Gras und Blumen am Wegrand. Wie wir zu den ersten Siedlungen kommen, ist mir, als würde ich neu geboren. Ich fange wieder an zu denken und zu empfinden.«

Friedl Mutschlechner

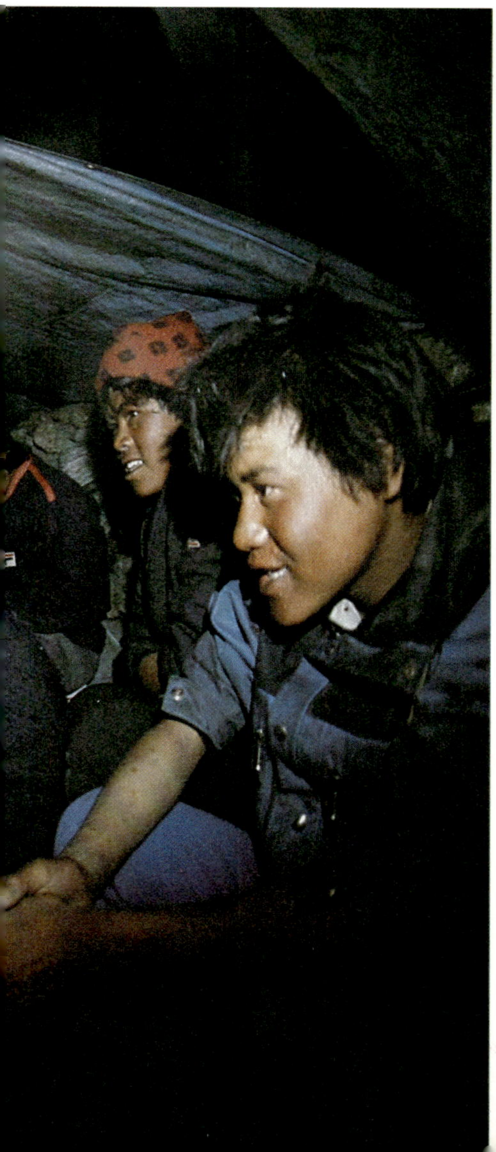

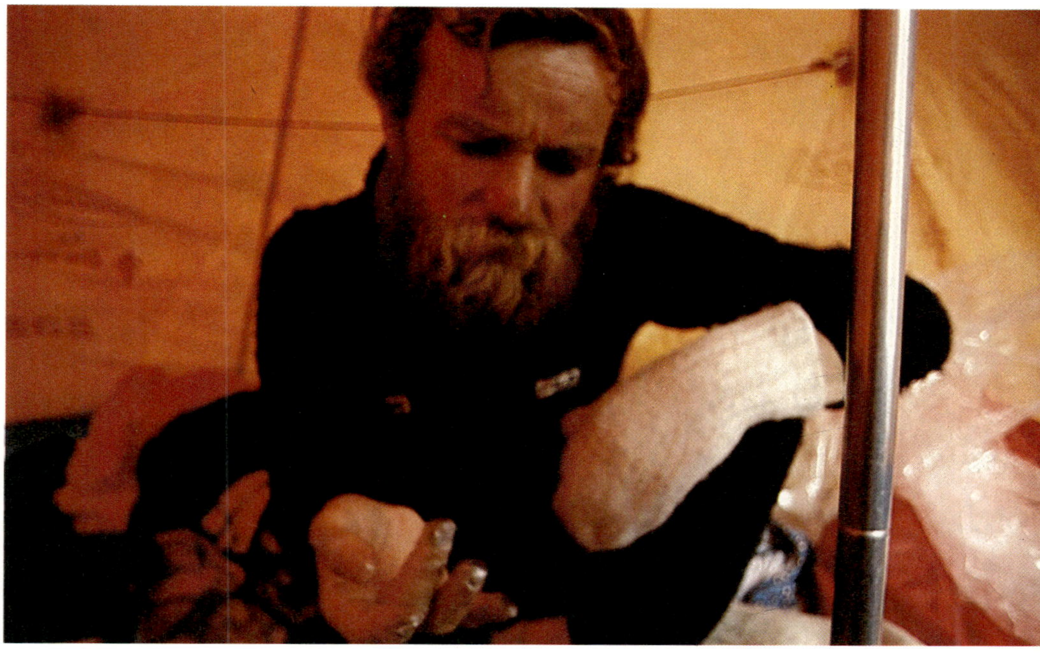

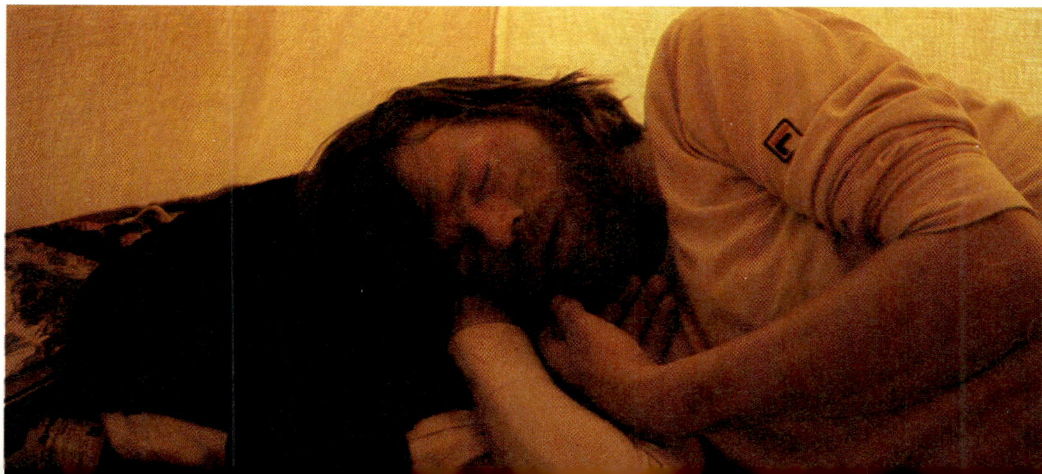

Kangchendzönga, 8598 m, Süd

»Wie wir jetzt erfahren, haben vor zwei Wochen zwei Teilnehmer einer italienischen Expedition und ein Sherpa den Berg über die Route der Erstbegeher bezwungen. 14 Bergsteiger und 20 Sherpa waren daran beteiligt. Das kommt einer Vergewaltigung gleich.«

Friedl Mutschlechner

George Band

Joe Brown

Blühende Rhododendronbüsche auf dem Heimweg

Der Kangchendzönga von Süden. Links der Yalung Kang

1852 Capt. W. S. Sherwill erkundet die geologische Struktur des Berges von Süden her.

1855 Hermann von Schlagintweit zeichnet ein Kangchendzönga-Panorama vom Phalut-Grat aus.

1905 Der Ire A. Crowley führt eine kleine Schweizer-Expedition. Erster ernsthafter Versuch, den Gipfel zu besteigen. An der Yalung-Seite wird eine Höhe von ca. 6500 m erreicht. Lawinenunglück mit fünf Toten.

1920 H. Raeburn unternimmt zwei Erkundungen von Süden her. Höchster erreichter Punkt an den Südwesthängen des Kantsch ca. 6400 m.

1929 E. F. Farmer versucht einen Alleingang und verschwindet spurlos.

1953 G. C. G. Lewis erkennt eine mögliche Route von Süden.

1954 Weitere Erkundung einer Route von Süden.

1955 Britische Expedition unter der Leitung von Charles Evans. George Band und Joe Brown erreichen als erste Seilschaft den Gipfel am 25. Mai. Am nächsten Tag folgen Norman Hardie und Tony Streather. Beide Seilschaften respektieren die höchste Erhebung als heiligen Ort und betreten ihn nicht (1. Besteigung).

1973 Erste Besteigung des Yalung Kang (Westgipfel) über den Südwestgrat am 14. Mai durch die Japaner Ageta und Matsuda.

1975 Einer deutsch-österreichischen Expedition unter der Leitung von S. Aeberli und Günther Sturm gelingt ein neuer Weg auf den Westgipfel. In drei Gruppen steigen neun Mann auf den Gipfel des Yalung Kang.

1978 Einer polnischen Expedition gelingen die Erstbesteigungen des Süd- und Mittelgipfels des Kangchendzönga von Südwesten her.

(Südgipfel: Chrobak, Wroz am 19. Mai
Mittelgipfel: Branski, Heinrich, Olech am 22. Mai)

1981 Der Versuch einer japanischen Expedition Haupt- und Westgipfel (Yalung Kang) kreuzweise zu überschreiten, scheitert. Die beiden Gipfel werden von jeweils einem Team erreicht.

1983 Der Österreicher J. Bachler erreicht Ende Mai den Hauptgipfel vom letzten Lager aus im Alleingang. (11. Besteigung, davon mehrere am Normalweg ohne Sauerstoffmasken.)

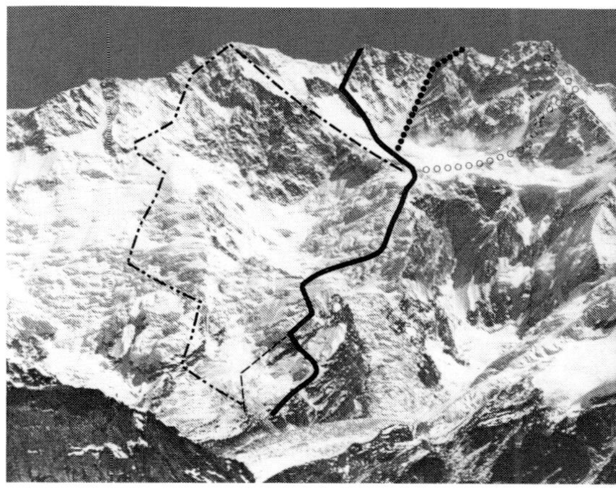

Die Südseite des Kangchendzönga mit den erschlossenen Routen:

Weg der Erstbesteiger mit der heutigen Einstiegsvariante ———

Einstieg der Erstbegeher — — — — — —

Japaner-Route auf den Yalung Kang —•—•—•—•—•—

Deutsch-österreichische Route auf den Yalung Kang —•—•—•—•—•—

Polnische Route zum Mittelgipfel • • • • • •

Polnische Route zum Südgipfel ○○○○○○○○○○○○

Manchmal steigt aus den Tiefen der Träume unverhofft ein kleines Fragment ins Bewußtsein.

Uschi Demeter

»Es ist viel schwieriger der Wartende zu sein als der, der fortgegangen ist. Uschi ist von Natur aus ungeduldig. Oft sagt sie, die Götter haben ihr mich als Prüfung geschickt.«
Reinhold Messner

Uschi Demeter

»Uschis Türkisaugen, die so kalt schauen können wie der Himalaja, haben mir heute auch mal ganz nett zugelacht.«
Anna Hecher

Im Warten bin ich erfahren. Im Laufe von 12 Jahren habe ich gelernt, die Tagereisen in die Basislager zu berechnen, Akklimatisationsphasen abzuschätzen, zu hoffen. Auch wenn ich zuhause in Europa bleibe. Ich weiß, wann ich Angst haben muß und wann nicht. Das Alleinsein, die luftleere Stille nach Reinholds hektischem Aufbruch ist mir vertraut. Diesmal litt ich, weil ihn eine andere Frau begleitete. Das Nicht-Teilen-Können, das Zurückgeworfensein auf die eigene Existenz war wie ein schreckliches Vakuum, mit dem ich nicht umgehen konnte. Ich war müde und traurig.

In den letzten Apriltagen wurde das Warten zur Qual. Ich wußte, es war Zeit für den Gipfel, die gefährlichste Zeit der Expedition war angebrochen. Dieses ständige Laufen zum Briefkasten, dieses ständige Lauern auf das Telefon! Nichts. Es wurde Mai, es wurde Mitte Mai. Die schlaflosen Nächte verbrachte ich am offenen Fenster bei Musik von Mahler und Brahms. Sanfte Frühsommernächte, bleiche Monde. Meine Hunde spürten die Traurigkeit und begleiteten mich auf Schritt und Tritt. Manchmal wußte ich nicht, ob ich mehr Angst vor Reinholds Tod oder vor seiner Rückkehr hatte.

Ende Mai kam ein Anruf aus Rom: Verlegenes Gestammel eines Journalisten, der glaubte, mit einer Witwe zu sprechen. Aus Nepal war die Nachricht gekommen, Reinhold sei am Kangchendzönga abgestürzt. Ich blieb ganz ruhig. »Non è possibile«, sagte ich nur, denn ich war überzeugt davon, daß ich Reinholds Tod fühlen würde.

Als aber die Polizei bei Marianne Mutschlechner in Bruneck auftauchte und der Pfarrer bei Reinholds Mutter in Villnöß, wurde ich unsicher. Vielleicht trogen mich meine strapazierten Gefühle? Ich schickte ein Telex nach Kathmandu, zu Liz Hawley, der verläßlichsten Person in der Stadt. Nach einer trostlosen Nacht kam die Antwort. Reinhold hätte mit Friedl am 6. Mai den Gipfel bestiegen, er wäre auf dem Rückweg nach Kathmandu, die Schreckensmeldung sei frei erfunden.

Doch meine Freude war kurz. Ein zweites Telex folgte. Reinhold lag schwer krank in Kathmandu. Er hatte einen Amöbenabszeß in der Leber und eine Lungenentzündung. Friedl hatte Erfrierungen und war auf dem Weg nach Europa. Und noch eine Hiobsbotschaft: Reinhard Karls Tod am Cho Oyu.

Der Traum vom Hattrick war ausgeträumt.

»Ich rolle mich in den Schlafsack, drehe mich zur Seite und schließe die Augen. Reinhard liegt auf dem Rücken und starrt an die Zeltwand. Plötzlich ein immer lauter werdendes Rauschen, das in ohrenbetäubendes Dröhnen übergeht. »Was ist das?«, brüllt Reinhard. Dann kracht die Eislawine auf unser Zelt.«
Wolfgang Nairz

»Es wäre schön, wenn man die Männer von all den todbringenden Gefahren abbringen könnte, aber diesbezügliches Frauenwort wird strikt überhört. Auch scheinen sie Zärtlichkeiten aus dem Weg zu gehen, vielleicht aus Angst, es könnte sie von dem abbringen, was sie sich so fest vorgenommen haben.«

Ulrike Stecher

Felslandschaft in Ladakh

Dann holte ich Friedl am Flugplatz in München ab. Ein abgemagerter Greis kam mir entgegen, die erfrorenen Glieder in dicke Verbände gepackt. Er gab mir ein Tonband von Reinhold und den Rat, eine Erholungsreise mit ihm zu machen. »Der ist fix und fertig«.

Als ich Reinholds Stimme auf dem Tonband hörte, wurde ich ganz schwach. Vogelgezwitscher, Hustenanfälle, zärtliche Worte. Von Heimkehr war da keine Rede. Er hätte einen guten Arzt. Ich sollte sofort nach Delhi kommen, mit ihm nach Kashmir und Ladakh reisen. Dieser Wahnsinnige wollte nicht aufgeben. Er wollte mich nur sehen, bevor er zum nächsten Achttausender ging. Na warte, dachte ich, ich werde kommen und dich holen!

Am Morgen des 1. Juni kam ich in Delhi an. In der Ankunftshalle des Flughafens stand er: abgezehrt und braungegerbt, ein lebendes Skelett. An eckigen Knochen schlotterten T-Shirt und Jeans. Darüber flackerten ruhelos fiebrige Augen. Mein Gott, war dieser Mann kaputt! Ich hielt ihn wie ein Filigranpüppchen in den Armen, als wir uns küßten. Aber das Püppchen war elektrisch geladen.

Wenn man sich lange nicht gesehen hat, sich monatelang nur in Gedanken miteinander beschäftigt, gibt es beim Wiedersehen jedesmal einen Moment der Befangenheit. Wir mußten lachen.

Delhi war heiß, laut und ramponiert wie eh und je. Bereits am 4. Juni machten wir uns davon. Wir flogen nach Kashmir.

Reinhold döste neben mir im Sessel, seine Nase war spitz, auf seiner Stirn stand Schweiß. Wenn er Schmerzen hatte, spannte sich seine Gesichtshaut. Wir hatten das heikle Thema bisher nicht angeschnitten, aber für mich stand fest, daß er in diesem Jahr keinen Achttausender mehr besteigen würde. War das eine Tragödie? Unsere Briefe waren voll von ungelebten Sehnsüchten gewesen. Nun hatten wir die Chance, sie zu leben. Ich drückte Reinholds Hand, doch er fuhr erschrocken zusammen. Dieses ständige Erschrecken nach Expeditionen mußte endlich ein Ende nehmen.

Auf einmal drehten alle Passagiere die Köpfe nach links und preßten sie an die Bullaugen. Ich folgte ihren Blicken. Unser Airbus kreiste über einem riesigen grünen Tablett. Nach der verdorrten Trostlosigkeit des Subkontinents schien Srinagar alle Köstlichkeiten landschaftlicher Frische bereitzuhalten. Eingefaßt von schneebedeckten Bergen lag ein rundes Hochplateau unter uns: Pappelwälder, Reisfelder so klein wie Taschenspiegel, Seen, Dörfchen, Tiere, die im Schatten dösten.

Vor dem Flughafengebäude rauften sich Taxifahrer um die Gäste. Der Sieger brachte uns zum Dal-See. Durchzogen von einem abenteuerlichen Labyrinth von Kanälen paßt diese schlampige Stadt zu tausendundeiner Nacht. Viele Hausboote, eine Mischung aus Bucentoro und Galeere, schaukelten Seite an Seite im See: Kühn geschnitzte Luxuskästen, Laubsägevillen mit Teesalons, luftigen Schlafzimmern und Dachterrassen. Rosen, Geranien und Topfpalmen. Ein schwimmendes Venedig aus Pappelholz. In der viktorianischen Zeit hatten Engländer diese Schiffe gebaut, um vor der Hitze Delhis nach Kashmir fliehen zu können.

Wir mieteten ein Hausboot, tauchten mit einem Hechtsprung in diese Welt orientalischen Müßiggangs. Nachts wiegte uns das Knarren der Bohlen in Schlaf. Am Morgen frühstückten wir auf der Dachterrasse unterm Baldachin. Unser islamischer Gastgeber brachte angebrannten Toast, wäßrigen Tee, fettige Eier, zerfallenen Fisch. Wir fanden alles köstlich. Mit Suppenlöffeln aßen wir russischen Kaviar, den ein Laboratorium in Moskau mit Ozon angereichert hatte, um Bergsteiger für große Höhen zu stimulieren. In Kathmandu hatten Kletterer aus der UdSSR Reinhold eine Dose davon geschenkt. Wir spielten bis zur Bewußtlosigkeit Bakshal, ein nepalesisches Wolf-und-Schafe. Wir lagen faul auf den Planken und ließen den Wind über die nackte Haut streichen. Vergebens wartete ich darauf, daß er in Reinholds mageren Schlüsselbeinen pfeifen würde. Oft sah ich Reinhold verstohlen von der Seite an. Wie lange, so fragte ich mich, wird er dieses Leben aushalten? Der Mann, der sonst wie ein Marathonläufer durch den Alltag fegt, blieb ruhig. Wenn wir auf den bequemen Polstern unserer Shikara lagen und durch die wehenden Vorhänge das Treiben auf den Kanälen an uns vorbeigleiten sahen, schlief der unerlöste Prinz in ihm. Der ewige Grenzbereichgänger und selbsternannte Sisyphos leckte seine Wunden. Ich spürte, daß da einer neue Kräfte sammelte für den unermüdlichen Versuch, sich durch äußerste Hingabe selbst zu erlösen. Ich bin mein eigener Erlöser, sagt der Prinz und erforscht auch den Himalaja seiner Seele im Alleingang.

»Der Lebensrhythmus im Orient liegt mir mehr als der im Westen. Hier ist Nichtstun erträglich. Müßte ich nicht ab und zu Geld verdienen, ich könnte jahrelang in Asien bleiben.«
Reinhold Messner

Im Schatten der Bäume hielten Bauern in festgebunden Kähnen Siesta. Halbnackte Kinder stürzten sich wie goldene Haubentaucher ins Wasser. Wenn die Abendsonne den See rosa färbte, ließen wir uns ans Ufer rudern, um in der dekadenten Schludrigkeit des Oberoi-Palastes zu Abend zu essen.

Reinhold erholte sich rasch. Die Löcher zwischen Skelett und Haut füllten sich zusehends. Wir ließen in der Stadt ein Kontrollbild der Leber machen. Die Kashmiri haben gute Ärzte. Wieder an Bord, hielten wir das alte und das neue Röntgenbild nebeneinander gegen die Sonne. Reinholds Lunge sah darauf aus wie eine geheimnisvolle Pflanze. Kein Zweifel, die Antibiotica-Therapie wirkte, die Leberschwellung war stark zurückgebildet. Ganz beiläufig begann Reinhold von Pakistan zu sprechen. Immer öfter lief er auf dem Schiff im Kreis.

Wir beschlossen, Kashmir zu verlassen und ins höher gelegene Ladakh zu reisen. »Für alle Fälle«, damit Reinholds »Akklimatisation nicht ganz verloren ging«, und weil wir beide neugierig waren auf dieses Land. Wir verabschiedeten uns in Srinagar von unseren Hausherren mit dem Vorsatz, auf dem Rückweg das Hausboot, auf dem wir so glücklich gewesen waren, zu kaufen.

Wir lösten zwei Bustickets von Srinagar nach Leh. Am frühen Morgen drängten wir uns mit schweren Rucksäcken in die Menge der Wartenden am Busbahnhof. Geruch von Schmieröl und Staub, kirschkernspuckende Soldaten, Bettlerinnen, Flötenverkäufer, quäkende Transistorradios.

Enggedrängt auf harten Bänken holperten wir von Schlagloch zu Schlagloch. Die sandige Zugluft konnte die Hitze im Bus nicht vertreiben. Die besten Busfahrer Indiens sind Sikhs und viele von ihnen sind high. Unser Fahrer war beides und offensichtlich bemüht, einen neuen Geschwindigkeitsrekord aufzustellen. Das alte Vehikel ächzte und stöhnte, die Passagiere – Soldaten, Bauern, Händler – wurden wild durcheinandergeworfen. Indische Schlager im Ohr, Gewehrkolben im Rücken, Sand zwischen den Zähnen. Wir waren bester Laune. Bild für Bild flog an uns vorbei: Kleine Dörfer, Nußbäume, Bauern mit Eseln, Nomaden und ihre wildblickenden Frauen, zerzauste Kinder, verfilzte Hunde. Die Straße wand sich hinauf in die Berge.

Wir rasteten in einem Dorf. Wären nicht die vielen indischen Soldaten als olivgrüne Tupfen überall in dem bunten Gewoge der kleinen Bazare zu sehen gewesen, nichts hätte hier daran erinnert, daß Kashmir mit seinen Konflikten noch immer als politische Zeitbombe tickt.

Auf dem Dorfplatz drängte sich eine Menschentraube. Sie umringte einen Zauberer und sein Kind. Die Haare des Zauberers züngelten wie Vipern um sein Gesicht. Er stopfte seine Tochter, die ihre Läuse und Lumpen mit der Würde einer Prinzessin trug, in einen runden Deckelkorb. Er begann zu singen, und als er schließlich den Deckel wieder öffnete, erhob sich daraus statt der Tochter eine Schlange. Die Menge wogte in der Wonne des Grauens. Neben mir stand ein alter Mann. Sein Bart war grellrot mit Henna gefärbt, die Augen leuchteten grün wie sein Turban. Er spielte auf einer Flöte, so traurig und süß, daß die Leute ringsum feuchte Augen bekamen. Ich schaute in den seidenblauen Himmel über den Nußbäumen, und beschloß, nie mehr nach Europa zurückzukehren.

Unermüdlich schob der Bus sich höher, die Vegetation wurde spärlich, grün zu beige. Der erste Paß, die erste Militärkontrolle. Nur stotternd ging es weiter. Wir erreichten die Schneegrenze, die Straße wurde eng. Aus Leh kam uns eine Militärkolonne entgegen. Die indischen Fahrer brauchten eine Ewigkeit, bis sie ihre russischen Lastwagen an uns vorbeimanövriert hatten. Von nun an sollten die olivgrünen Kolonnen unsere ständigen Begleiter sein. Langsam begann uns zu dämmern, was uns in Ladakh erwarten würde. Die Angst der Inder vor einer neuerlichen Invasion der Chinesen mußte gewaltig sein.

Unser Sikh hielt am frühen Abend unvermittelt vor einer Höhle in den Bergen. Ein schmaler, safrangelber Sikh-Ephebe trat heraus und reichte uns in versilberten Bechern Wasser aus einer heiligen Quelle. Unter seinem blauen Turban blitzten lustige Augen. Ein Einsiedler mit sportlichem Flair, das war uns zuvor auch noch nie begegnet.

Die Nacht brach herein und bemalte die Berge mit kräftigem Lila, bevor sie sie verschluckte. Wir waren inzwischen todmüde. Irgendwann mußte das verdammte Kargil, unser Etappenziel für diese kalte Nacht, doch auftauchen! Als wir es endlich erreichten, war es längst nach Mitternacht. Im Nu war der Bus von zerlumpten Gestalten umringt, die an uns und unserem Gepäck zerrten. Wir landeten in einer verdreckten Betonbude mit durchgelegenen Pritschen. »Running water«, stand auf dem Türschild, und in der Tat rann Wasser aus

Auf dem Weg nach Ladakh

Manistein aus Tibet

»*Da bleiben zwei der besten Bergsteiger der Welt am Mount Everest verschollen und du weißt, wie und wo es passiert ist. Du weißt auch, daß es umgekehrt hätte sein können und sie jetzt von deinem Tod hören würden – wie von einem, dessen Grab schon bestimmt war.*«

Reinhold Messner

Tschorten in Ladakh

allen möglichen Ritzen, bis es sich schließlich gegen Morgen explosionsartig über den ganzen Raum ergoß. Wir schliefen trotzdem wie Tote und die Läuse von Kargil machten sich in Heerscharen über uns her.

Am nächsten Morgen keuchte der Bus so langsam in der dünnen Luft die Serpentinen hinauf, daß Reinhold und ich ausstiegen und ein paar Kilometer zu Fuß gingen. Wir wanderten durch eine aride Mondlandschaft mit ausgewaschenen Schluchten. Es kam mir vor, als bewegten wir uns auf einem ausgetrockneten Meeresgrund.

Paß um Paß, Kurve um Kurve näherten wir uns gegen Abend des zweiten Tages Leh. Seit Jahren hatten wir uns diese Reise gewünscht. Als wir uns nun der Stadt näherten, war es stockfinstere Nacht. Wir sahen nicht das Geringste. Wir tappten im Dunkel herum bis wir am Stadtrand ein Hotel mit Dusche fanden.

Als wir am Morgen ans Fenster stürzten, um endlich Leh zu sehen, sahen wir Kasernen und Stacheldraht. Wellblech beherrschte das Bild. Die Stupas und Klöster, die überall auf den Hügelketten standen, der Königspalast, der als Mini-Potala über der Stadt thronte, konnten uns nicht trösten.

Bis 1974 war Ladakh, von der indischen Regierung strikt abgeschirmt, geheimnisvoll und unzugänglich gewesen. Als dann die ersten Reisenden das Land besuchten, berichteten sie schwärmerisch von einer Art Ersatztibet. Das echte Tibet, so wußte man, war von Maos Armeen und durch die chinesiche Kulturrevolution weitgehend zerstört worden. Ladakh aber wurde geschildert als die kleine heile Welt des Lamaismus: Intakte Landschaft, intakte Klöster, intakte Kultur; Menschen, die zwar arm, aber glücklich seien. Lauter verlogene Bilder einer Gegenwelt zum industrialisierten Abendland. All diese wunderbaren Fotos, die wir gesehen hatten, kamen mir angesichts des stacheldrahtverschnürten Leh vor wie die Schilderung eines tibetischen Disneyland.

Reinhold und ich kannten das richtige Tibet. Gewiß, wir hatten ein zerstörtes Land vorgefunden. Kaputter als Leh war Lhasa allerdings nicht. Und trotz aller Wunden sind Kultur und Religion dort ungleich lebendiger geblieben. Langsam dämmerte uns, wie unrecht wir Ladakh mit unseren ständigen Tibet-Vergleichen taten.

Ladakh war bis zu seiner Angliederung an Indien im Jahre 1834 stets ein selbständiges Land gewesen. Kirche und Staat waren im Gegensatz zu Tibet immer getrennte Institutionen, der Lamaismus der Ladakhi-Rotmützensekten hat sich der Gelben Kirche Lhasas nie untergeordnet. Zudem ist im Karawanen-Durchgangsland Ladakh schon früh missioniert worden. Die indischen Hochreligionen – Hinduismus und Buddhismus –, der Islam und sogar das Christentum haben hier stets eine mehr oder weniger friedliche Koexistenz geführt.

Warum sind in Ladakh die Gompas versperrt, während die Mönche in den Basaren Handel treiben? Warum erscheinen die wenigen übriggebliebenen Klöster in Tibet im Gegensatz dazu stets wie summende Bienenstöcke, erfüllt von Leben? Warum scheint der Lamaismus der einen starr im Gegensatz zum Lamaismus der anderen? Ich glaube, man kann die Gläubigkeit der Tibeter mit der Gläubigkeit der unterdrückten Polen vergleichen. Der Katholizismus Polens ist wie der Buddhismus Tibets zum Symbol des Widerstands geworden.

Im Basar von Leh begegneten wir zwei zerzausten Gestalten, denen die Sonne die Haare hell gebleicht hatte. Sie sahen aus wie Haflinger, die Burgess-Zwillinge, die sich in Ladakh für ihr Abenteuer mit den Kanadiern am Everest vorbereiten wollten. Wie in diesem Jahr anscheinend alle, entpuppten auch sie sich als Hiobsboten: »Pete und Joe sind am Everest umgekommen.« Pete Boardman und Joe Tasker waren an der chinesischen Seite des Berges mit Chris Bonington unterwegs gewesen und ich wußte, daß Reinhold sie zu den besten Bergsteigern der Welt zählte. Was für ein Jahr! Reinhard Karl, Pete Boardman, Joe Tasker, die Reihe der Helden an der Spitze lichtete sich rapide . . . Doch anstatt Reinhold zu packen, zu rütteln, zu schütteln und so oft ich konnte »Hör auf« zu schrein, biß ich mir nur in den Handrücken und schwieg.

Nur 16 Kilometer von Leh entfernt entdeckten wir dann das Ladakh, das wir gesucht hatten. Auf der anderen Seite des Indus liegt das Dorf Stok. Weiße Häuser, weiße Mauern, weiße Stupas gruppieren sich um den Königspalast wie Küken um die Glucke. Weites Land, oliv, grau, braun und lila, dahinter schneebedeckte Berge, der silbern schimmernde Indus zwischen grünen Oasen. Am Ortsrand von Stok eine gewaltige weiße Manimauer mit zahllosen Tschorten und Stupas, die mit ihrer strengen geometrischen Anordnung der Landschaft Spannung geben. Dahinter in einem Garten unter Weidenbäumen ein kleines

Schattenspiel

»Mein Körper wirft in der sinkenden Sonne einen langen Schatten. Bewußt, ganz langsam, wandere ich hinunter in die unglaublichen Farben der hereinbrechenden Nacht.«
Reinhold Messner

Geisterfalle an einer Hauswand in Stok

Zeltdorf: Jurten, weiß und rund wie die Tschorten, versammelt um ein tibetisches Teehaus. Ein Teppich aus grünem Gras und blauen Schwertlilien. »Mountain Travel« quartiert hier seine Ladakh-Reisenden ein. So ästhetisch ist mir Tourismus noch nie begegnet.

Wir mieteten eine der Jurten. Weiße Wolken segelten über den Indus. Der heiße, trockene Wind machte mich unruhig, aber mehr noch die steilen Firnwände, die hell über dem Dorf glänzten. Und richtig, Reinhold zog die Bänder seiner Laufschuhe fester. Seine Augen blickten den Wolken nach und wurden hell vor Entschlossenheit. Ich tat, als bemerkte ich nichts und richtete unsere Jurte ein wie ein Kind, das »wir sind tibetische Nomaden« spielt. Da kam mein »Nomadenmann« zur Tür herein und sagte: »Ich geh' ein bißchen laufen!« Ich begleitete ihn bis vor das Dorf, setzte mich mit angezogenen Knien auf eine Mauer und sah zu, wie er mit wehenden Haaren über die Ebene lief, die aussah wie ein Meer aus Steinen. Sein Körper verlor sich in der Weite, leicht, rhythmisch, frei. Er tauchte wieder ein in sich selbst und ich wußte, er würde den Hattrick beenden.

Nachts konnte ich nicht schlafen. Reinholds Kopf lag auf meinem Arm, sein Atem war ruhig. Ich sah durch das Loch im Dach der Jurte die Sterne und hörte dem Wind in den Weidenblättern zu. Alles würde von neuem beginnen. Das Warten, die Angst, die Einsamkeit. Aber es war richtig so. Ich hatte begriffen.

In einem gemieteten Jeep fuhren wir nach Shey. Shey heißt Kristall und ganz oben auf den Kristallbergen, die sich weit in die Ebene zum Indus vorschieben, stehen die Reste einer Zitadelle. Von hier konnte man über das Land sehen, das von großen, gleitenden Wolkenschatten verdunkelt wurde. Schwemmland, morastiges Grün, ein See, durch den gemächlich Pferde wateten. Der Palast unter der Zitadelle war leer und verfallen. »Do not urinate here«, stand über einem der Portale.

Unter dem Kloster Hemis liegt ein kleines Dorf, in dem die Mönche ihren Hausrat an Touristen verhökern. Wollte man das Kloster besuchen, mußte man neben der Küche Rupien in einen großen Topf werfen. Waren die Scheine nicht groß genug, runzelte der Kassenmönch die Stirn. Drinnen Novizen in schmierigen Kutten, vergrindete Köpfe, knallende Türen; keine Anzeichen buddhistischer Gelassenheit; böse Blicke. Touristen, die Lamaschüler beim Unterricht unter einem Baum mit gebührendem Abstand fotografieren wollten, wurden mit Steinen beworfen. Alles wirkte tot, staubig, sauertöpfisch. Es gab Leute, die jahrelang für eine Reise nach Hemis sparten, um dort das berühmte Fest mitzuerleben. Ich fragte mich, ob in dieser Atmosphäre die berühmten Mysterientänze der Mönche nicht längst zu folkloristischen Darbietungen verkommen waren wie die der Südtiroler Trachtengruppen. Woher kam diese muffige Verdrossenheit hier?

Oft kam mir Ladakh vor wie eine unendlich große Ruine, die langsam dahin zurückfiel, woher sie gekommen war – in eine aride Mondlandschaft aus Sand, Ton und Stein, aus dumpfen Farben von knochenweiß bis erdviolett.

Reinhold machte täglich seine Trainingsläufe. Eines Abends nestelte er an seinem Rucksack, packte ihn ein und aus, prüfte sein Gewicht. Im Morgengrauen war er fort.

Von den Bergen strich ein frischer Wind herab. Da oben mühte er sich jetzt allein mit seinen allmählich wiederkehrenden Kräften ab . . .

In Stok hängen an vielen Häusern Geisterfallen, komplizierte Gebilde aus Stroh, Fäden und Tierknochen. An Geisterfallen glaube ich nicht und auch nicht an einen lieben Gott und so wußte ich nicht recht, wie ich meine beschwörend guten Wünsche für diesen Mann am besten unterbringen sollte. Da beschloß ich, sie ihm wie ein schützendes Kleid überzustreifen.

Der Himmel überzog sich anderntags mit violetten Wolken, die das Grün der Oasen am Indus giftig aufleuchten ließen. Sturm fegte Sandböen über die Ebene. Er strich die gelben Gerstenfelder glatt wie Tierfelle. Ein Wolkenbruch verschluckte die Blitze am Horizont. Sturzbäche verwandelten die Jurtenstadt in ein Inselreich. Ich dachte an meinen Mann, der jetzt auf irgendeinem Paß in seinem Zeltchen saß. Es hat Zeiten gegeben, da habe ich ihn gehaßt für die Ängste, in die er mich ständig versetzte. Nun blieb ich ruhig. Der Eroberer des Unnützen hatte inzwischen eine treue Komplizin.

Am nächsten Nachmittag kam er verschwitzt und glücklich zurück. Sein Körper hatte den schnellen Anstieg in die 6000-Meter-Region trotz der hohen Antibioticadosen gut verkraftet. Damit war klar, daß wir abreisen würden. Wir wollten nach Pakistan, um Reinholds Karakorum-Expedition vorzubereiten.

Das Kloster Stakna im Oberen Ladakh

»Warum antwortest Du mir nicht?« – Nazir Sabir
»Warum antwortest Du mir nicht?« – Sher Khan
»Warum antwortest Du mir nicht?« – Reinhold Messner

Expeditionsbeitrag der italienisch-pakistanischen Postbehörden.

Die Karakorum-Mannschaft: Nazir Sabir, Reinhold Messner, Sher Khan

Delhi – Lahore – Rawalpindi. In Pakistan war gerade Ramadan und wie immer zur Fastenzeit vibrierte die Stadt vor Agressionen. Die Straßen Rawalpindis waren so heiß, daß man auf dem Asphalt hätte Tee kochen können. Radfahrer mit eingefallenen Wangen und Ringen unter den Augen trieben ihre hungrigen Körper mit wütenden Pedaltritten durch die staubige Luft. Von Sonnenaufgang bis Sonnenuntergang gab es weder zu essen noch zu trinken.
Wir verbrachten ganze Tage in den Büros von Tourismus-Ministerium und Alpine-Club damit, bürokratische Bedenken zu zerstreuen, Erklärungen abzugeben, Ängste aus der Welt zu schaffen. Friedl war ausgefallen, Reinholds Krankheit allgemein bekannt, und – wir hatten keinen Arzt mitgebracht. Da taten sich die Behörden schwer. Sein Leben aufs Spiel setzen darf man von Staats wegen nur im Krieg.
Ich war gespannt auf Reinholds Partner. Mehr als vier Jahre lang hatten die Pakistani Sher Khan und Nazir Sabir mit ihm korrespondiert und mehr oder weniger vage Expeditionspläne mit ihm geschmiedet. Nun war es endlich so weit. Eines Abends standen sie verschwitzt im Hotel. Nazir sah aus wie ein kupferner Bär. Rotes Kraushaar, roter Bart, rote Sommersprossen. Lustige Augen, witzige Worte. Ich wußte, daß dieser phlegmatische Bär den K2 über eine schwierige Route bestiegen hatte. Wichtiger aber war mir, daß ich zu ihm Vertrauen hatte.
Auch Sher Khan erinnerte mich an ein Tier. Schmalgliedrig, unruhig, viel Weiß in den Augen und nervöses Hufescharren. Shera, wie wir ihn nannten, war ein Rennpferd. Ein aristokratischer Eliteoffizier, der sich wie ein Kind dreimal am Tag umzog, damit auch wirklich jeder in Rawalpindi die italienischen Kleider bewundern konnte, die Reinhold ihm für den Weg in den Karakorum mitgebracht hatte. Seine Intelligenz tröstete über seine Eitelkeit hinweg. Auch Sher Khan gehört zu den besten pakistanischen Bergsteigern. Zuletzt hatte er 1981 mit einer französischen Expedition in einer beachtlich kurzen Zeit den Gasherbrum II bestiegen.
Beide Pakistani, das stand fest, brannten darauf, sich an Reinholds Seite zu profilieren. Mir blieb nur übrig, von ganzem Herzen zu hoffen, daß sie Reinholds Zustand richtig beurteilen würden, daß ihre Vernunft auf dem Weg zum Gipfel nicht auf der Strecke blieb. Stundenlang biß ich nachts in die Zipfel meines Kopfkissens und überlegte, wen ich wem eigentlich ans Herz legen sollte. Denn die Erfahrung von Reinhold hatten Shera und Nazir nicht.
Tagsüber beschwichtigte ich meine Gedankenstürme mit Fürsorglichkeit, ich machte Großeinkäufe fürs Basislager. Die Frauen fielen mir ein, die den Soldaten in Rußland Schals und Socken gestrickt hatten. Grauen in Wolle gepackt. Als ob man Gletschern ihre Gefährlichkeit nehmen könnte, wenn man frische Zitronen fürs Basecamp kauft.
Shera und Nazir machten sich mit einem vollgepackten Lastwagen auf den Weg nach Skardu, wir flogen zwei Tage später nach.
Skardu müßte Desperado City heißen. Staubige Straßen, Reihen von Telegrafenstangen, die bis an den Horizont reichen, Männer ohne Frauen. Im K2-Hotel hingen verletzte Bergsteiger mit Bierdosen herum. Es roch nach Abenteuern, von denen der Cowboy mit dem weißen Pferd noch nie etwas gehört hat.
Ich konnte mich nicht trennen, begleitete Reinhold, Shera und Nazir bis nach Dassu. Vom Jeep gerädert, staubverkrustet und tränenlos tapfer gab ich Reinhold dort unter einem Aprikosenbaum den Abschiedskuß.
Allein fuhr ich in der Nacht zurück. Ich wußte, was auf mich wartete: Mahler und Brahms, die Hunde, der Mond.

»Die erste Tagesetappe empfinde ich gar nicht als solche. Um 9 Uhr früh schon bin ich dort, wo wir schlafen werden. Die Dorfbewohner zeigen sich weniger interessiert an Expeditionen als früher.«
Reinhold Messner

Himalaja-Erkundung

1590 Die erste Karte, die den Himalaja berücksichtigt, wird von Pater A. Montserrate gezeichnet.

1733 Jean Baptiste d'Anville publiziert den »Atlas von China«. Die Blätter, die Südtibet und den Himalaja zeigen, beruhen auf Unterlagen von Lamas und sind nicht ganz korrekt. Etwa 15 Jahre später veröffentlicht derselbe Autor die »Karte von Indien«.

1757 Nach der Schlacht von Plassey in Bengalen fühlt sich die New East India Company für neue Regionen verantwortlich und schickt eine Reihe von Erkundungstrupps aus.

1767 James Rennel wird von Robert Clive zum Generalvermesser von Bengalen ernannt. Später gilt er als der Vater der Geographie von Indien.

1782 In Rennels »Karte von Hindustan« fehlt der Himalaja von Nepal. In dieser Zeit wächst der Informationsfluß über die bisher unbekannten Gebiete, weil Missionare, großteils Jesuiten, zwischen Indien, Tibet und China hin- und herwandern.

1783 E. S. Turner bringt, wie schon andere (Generäle, Geschäftsleute, Missionare) von seinem Besuch in Shigatse (Tibet) Skizzen und Bilder von einem Teil des Himalaja nach Hause.

1801–1803 Charles Crawford nimmt die ersten Vermessungen in Nepal vor; er erkennt 1804 in Ostnepal erstmals die gigantische Höhe der schneebedeckten Himalajaberge.

1808 Erste Erkundung der Ganges-Quellgebiete im Himalaja.

1809 W. S. Webb vermißt Position und Höhe des Dhaulagiri. Er kommt auf 8187 m und einige Geographen erkennen ihn als höchsten Berg der Welt an.

Lepchas in Sikkim

1812 William Moorcroft überschreitet den Niti-Paß (ca. 5000 m).

1852 Im G. T. S. – Great Trigonometrical Survey of India –, der innerhalb eines Jahrhunderts die Vermessung des Himalaja betrieben hat, wird der Berg mit der Nummer XV als der höchste der Welt berechnet. 1865 wird diesem Berg der Name Mount Everest gegeben. Erst viel später beginnt die Erschließung der einzelnen Berge, das Fotografieren der Wege, Dörfer, Wände und Menschen.

Tempelmalerei in Ladakh

Kangchendzönga aus 60 km Entfernung

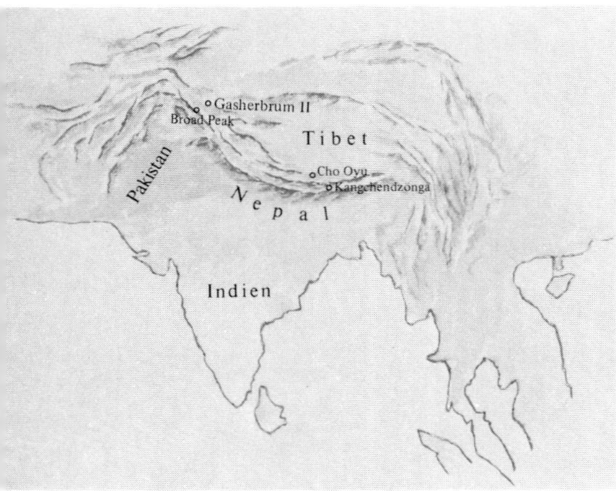

Lageskizze des Himalaja

Kangbachen im Osten Nepals, Kangchendzönga-Gruppe

»Uschi und ich spazieren durch die Stadt, vorbei an Läden so groß wie Beichtzellen. Der Muezzin schreit vom Turm – von Tibet kaum noch eine Spur.«

Reinhold Messner

Tashi Delek

Hausboote am Dal-See

Vorhergehende Doppelseite:
Eine Yakherde weidet am Pensi La

Abend am Dal-See

Uschi Demeter und Reinhold Messner in einer Shikara

Typisches altes Hausboot

Srinagar

»Bei jeder Expedition kommt einmal der Moment, da nur noch der Heimweg denkbar ist. Zehn Tage lang war ich todkrank und den täglichen Gang in die Praxis von Dr. Peterson erlebte ich als Umweg. Worauf wartete ich denn am Stadtrand von Kathmandu und hier in Srinagar? Es gibt keine Wunder. Ich muß zurück nach Europa, in eine gute Klinik. Meine Lungenentzündung ist fast ausgeheilt, der Amöbenabszeß in der Leber aber bereitet mir nachts oft Schmerzen bis zur Bewußtlosigkeit. Die Idee von den drei Achttausendern in einer Saison ist gegenstandslos geworden. Der ›Kantsch‹ war der erste, er wird wohl für ein oder zwei Jahre der letzte bleiben.«

Reinhold Messner

J&K STA

»Nächtelang hat mir Reinhold von großen Wänden erzählt wie von schönen Frauen, von ihren Linien, ihrer Anziehungskraft. Manchmal hat er mich zum Klettern mitgenommen, in den warmen Fels der Dolomiten, in steile Wände, zum rhythmischen Tanz zwischen stürzenden Dohlen – Reinhold ist ein geschickter Verführer. Jetzt überredet er mich zu dieser halsbrecherischen Fahrt nach Ladakh.«

Uschi Demeter

Die Fahrt nach Leh in Ladakh

Die ausgesetzte Srinagar-Leh-Straße
Der Maitreya von Mulbekh

Reinhold Messner auf dem Bus
Sandsturm über dem Industal in Ladakh

Das andere Leh, das wirkliche

»Einmal Leh zu sehen gehörte seit Jahren zu unseren Träumen. Genährt wurden diese Träume von den wunderbaren Geschichten, die Reisende über die Stadt verbreiteten. Nach dem zerstörten Lhasa wollten wir lebendige tibetische Kultur erleben. Die Enttäuschung hätte nicht größer sein können.«

Uschi Demeter

Stacheldrahtzäune in Leh
Reklametafeln in Leh

Protestaktion
Der Gemüsemarkt
Die Altstadt von Leh

»Ich erlebe zum erstenmal die Dunkelheit an Orten, wo Menschen wohnen. Gestalten tauchen auf aus dem Schwarz der Nacht und tauchen wieder weg. Das Sehen ist ausgeschaltet und das Spüren – in unserer Augenwelt verkümmert – erwacht. Es versetzt mich zurück in die Welt meiner Kindheit.«

Uschi Demeter

»Wer sagt, daß es schrecklich ist, in einem erfüllten Augenblick zu sterben? Und wer weiß, ob es wichtig ist, alt zu werden? Am schwersten ist, glaube ich, allein zurückzubleiben. Dann haben Teilen und Sich-mitteilen-Können ein Ende.«
Uschi Demeter

Leh

Der Namgyalberg oberhalb von Leh mit Gonkhang und Wandmalereien aus den Klöstern von Ladakh

»Entbehrungen gehören zu Expeditionen. Verzichten, sich trennen, leiden – anders ist jeder Aufstieg undenkbar. Keine Entbehrung jedoch wiegt so schwer wie der Verzicht auf den geliebten Menschen. Das wird mir hier mit Uschi wieder klar.«

Reinhold Messner

Kloster Tikse

Die neue Buddhastatue im Dschampa-Lhakhang von Tikse

Der Klosterberg von Tikse
Blick aufs Industal

»Der Verausgabung am »Kantsch« folgt trotz meiner Krankheit ein alles überströmendes Gefühl der Erneuerung. Dieses Gefühl und die längst abgeschlossenen Vorbereitungen – in Pakistan warten zwei Bergsteiger auf mein Kommen, die Genehmigung ist bezahlt, die Ausrüstung liegt in Rawalpindi – heißen mich den alten Plan wieder aufgreifen. Sicher, meine Chancen sind klein, aber lebte mein Bergsteigen nicht schon immer durch die Tat und die Gefahr des Scheiterns?«
Reinhold Messner

Stok: Palast und Serail

›Eroberer des Unnützen‹ hat Lionel Terray die Bergsteiger genannt. Ich glaube inzwischen, Bergsteiger sind Weise, die der Welt etwas von ihrem Gleichgewicht zurückgeben. Unsere Welt ist bequem, sicher und erforscht. In der Masse, die in lauwarmen Bewußtseinsnebeln ihrem Untergang entgegendämmert, versuchen die Bergsteiger Gegenpole zu setzen. In einer Welt, die Krankheit und Tod verdrängt, suchen sie die Konfrontation mit Krankheit und Tod. Statt der Autos benutzen sie ihre Beine; ungefiltert, ohne Fernsehmattscheibe nehmen ihre Augen und Ohren die Welt wahr; Großstadtenge tauschen sie gegen Einsamkeit. Bergsteiger sind Eroberer des Nützlichen.« Uschi Demeter

»Die Exkönigin von Ladakh, die Gyalmo, hat in ihrem Palast in Stok ein kleines Museum eingerichtet. Geschenke vom legendären König Srongtsen Gampo aus Lhasa, dessen Frauen den Buddhismus im 7. Jahrhundert nach Tibet gebracht hatten, eine Serie von Thangkas, mit dem Staub geriebener Edelsteine und der Geduld von überirdischen Wesen gemalt, Juwelen, Bronzen, Buddhas. In einer Vitrine aber stehen unter all den königlichen Schätzen zwei schauderhafte Porzellanlöwen und ein feister Buddha, wie man sie in jedem amerikanischen Warenhaus kaufen kann. Welcher König sie der Gyalmo verehrt habe, fragte ich scherzhaft den gebildeten Führer und ohne eine Miene seines elfenbeinernen Gesichts zu verziehen, antwortete er in feinstem Englisch: ›his Holiness, the Dalai Lama!‹« Uschi Demeter

Der Palast der Gyalmo von Stok mit dem Stok Kangri im Hintergrund

Zinnenschmuck auf dem Sommerpalast
Die Jurtenstadt von Mountain Travel

Karakorum-Erkundung

Reinhold Messner beim Lauftraining in Ladakh
Die Stirnmoräne des Baltoro-Gletschers

»Sind Bergsteiger Narren, die in einer Welt des Komfort archetypischen Überlebenskampf wiederherstellen möchten? Die im Umgang mit der Natur die Natur in ihrer Innenwelt wiederfinden wollen? Oder sind sie einfach wilde Kerle, die sich mit den Bergen herumschlagen, weil die Zeit der Seeräuber vorbei ist? Viele sagen, sie seien neurotische Egomanen«.
Uschi Demeter

K 2 von Süden

1812 S. Mir Ullah beginnt, angeregt durch Moorcroft, die Erkundung von verschiedenen Routen in Kashmir und Turkestan. Von Leh gelangt Ullah über den Karakorum-Paß nach Kashgar.

1820–1825 erschließt Moorcroft große Teile von Ladakh und Baltistan. Er trägt den Karakorum- und Saltoro-Paß in seine Karten ein.

1838 G. T. Vigne steigt das Saltoro-Tal hinauf, um nach dem gleichnamigen Paß zu suchen.

1838 F. Falconer ist vermutlich der erste, der den Biafo-Gletscher entdeckt. Er überschreitet auch den Skoro La.

1855–1856 Der G. T. S. (Great Trigonometrical Survey of India) wird auf Kashmir und dann auf Ladakh und Spiti ausgedehnt. T. G. Montgomerie erschließt das Gebiet bis zum Tal des Oxus, Ostturkestan und Tibet für den Geographen.

1856 Montgomerie entdeckt einen hohen Berg, den K 2, der 1858 als zweithöchster Berg der Erde errechnet wird.

1857 H. Godwin-Austen unterstützt nun Montgomerie. Als guter Bergsteiger gelingt es dem Geographen bis ins Herz des Karakorum vorzustoßen. Er vermißt das Shigar- und Saltoro-Tal; erfaßt und studiert Chogo-Lungma-, Biafo-, Panmah-, und Baltoro-Gletscher. Er entdeckt den Hispar-Gletscher und den Zugang zum K 2.

1862 Der gesamte Himalaja westlich von Nepal sowie der Karakorum sind vermessungsmäßig erfaßt. Detailarbeiten können begonnen werden.

Tschongo im Braldo-Tal; rechts der Skoro La

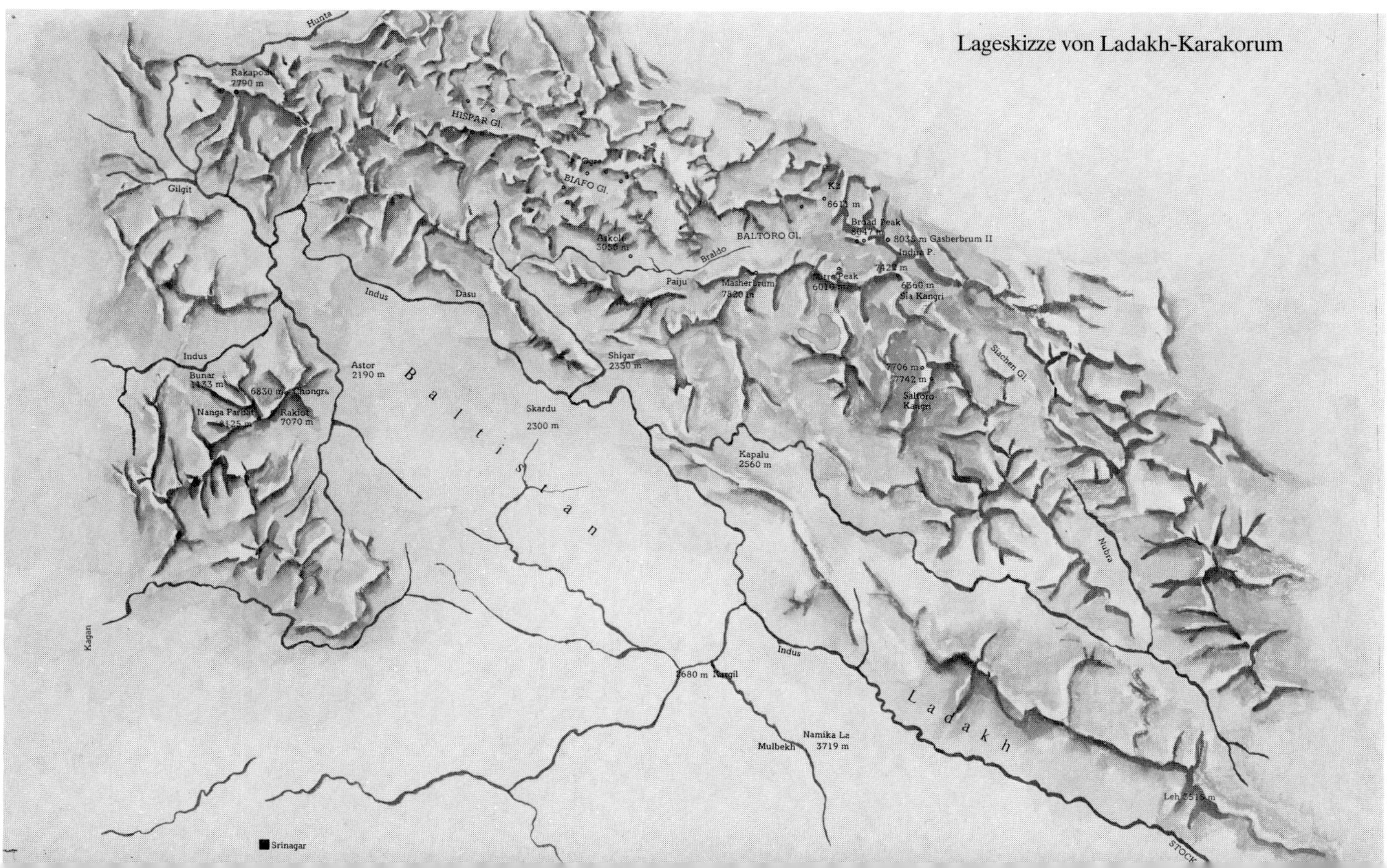

Lageskizze von Ladakh-Karakorum

Als zöge es uns alle dorthin, wo wir zu sterben haben

Reinhold Messner

»Die Tage sind kurz hier oben, die Nächte fürchterlich lang. Da denke ich nach, und manches kommt mir sehr wichtig und richtig zu Ende gedacht vor. In der Früh ist es vergessen oder bei weitem nicht mehr so klar.«
Ulrike Stecher

Reinhold Messner

»Der Gipfel – sind das Wochen größter Mühen für ein cooles Viertelstündchen?«
Uschi Demeter

Sella-Panorama der Granittürme zwischen Paju- und Trango-Peaks

Den Ratschlag, nach Hause zu gehen, hörte ich auch in Pakistan häufiger als die Frage, was ich dort wollte. Ich wollte vor allem selbst für mein Leben verantwortlich sein. In dieser Stimmung begann ich Anfang Juli mit Sher Khan und Nazir Sabir, den beiden stärksten pakistanischen Bergsteigern, eine Kleinexpedition zu den beiden Achttausendern Gasherbrum II und Broad Peak. Nur 25 Balti-Träger sowie zwei Basislager-Köche sollten uns auf dem Weg zum Baltoro-Gletscher begleiten.

»Die Berge sind bis tief unter die Gipfel nebelverhangen; es ist frisch. Hadschi Mahdi bringt zwei weiße Ziegen und will 1200 Rupien dafür. Ein stolzer Preis!«

Reinhold Messner

In Dassu wählten wir die stärksten Männer aus. Es waren viel mehr gekommen als wir beschäftigen konnten. Als wir Socken, Schuhe und Jacken verteilt und die Lasten zugeordnet hatten, schlichen sich die anderen davon wie geschlagene Hunde. Im Schatten des frühen Morgens stiegen wir anderntags in die Braldo-Schlucht ein.

Es war Hochsommer und ich hatte endlich wieder lange Träume. Das Aufwachen am frühen Morgen war kein Aus-dem-Wahnsinn-fallen mehr wie beim Rückweg vom Kangchendzönga. Meist weckte das Windgeräusch auf der Zeltplane meine Seele, bevor mein Körper wach war.

In Askole beherrschte Hadschi Mahdi das Expeditionsgeschehen. Er wachte darüber, welche Träger wir austauschten, wo wir Eier und Mehl kauften. Er stand immer nur am Rande, drängte sich niemals vor. Aus dem Hintergrund zog er die Fäden, wachte er über sein Dorf. Er lud uns zum Mittagessen ein, um uns Geschäfte mit Ausrüstung, Proviant und Trägern vorzuschlagen. Er war in Mekka gewesen und konnte sich mit diesem Privileg im Dorf jede Unverschämtheit leisten. Auch wenn er Sand ins Mehl mischte oder von den Trägern eine Art selbsterfundener Steuer eintrieb, waren das heiligen Handlungen. Hadschi heißt heilig und wer hadschi ist, handelt im Geiste Mohammeds. Sogar hier, in den entlegensten Bergtälern war jener Fanatismus der Mullahs zu spüren, der die Welt der Moslems seit einigen Jahren stärkt. In düsteren Lehmhütten standen Bilder von Khomeini und mehr als einmal erlebte ich erbitterte Streitgespräche über diesen Tyrannen. Er wurde hier als Heiliger, ja als Gott verehrt.

Hadschi Mahdi aus Askole

Mit dem Rhythmus des Gehens vertiefte sich mein Selbstverständnis. Zwischen Aufstehen und Schlafengehen fühlte ich mich stark und lebenslustig wie selten zuvor.

Dazwischen schlich sich, oft nur im Halbschlaf, irgendwann die Frage nach dem Zweck des Hierseins. Die Antwort, die so sinnlos gewesen wäre wie der Morgen ohne diese Frage, erschien mir überflüssig, als ich das Zelt zusammenfaltete, den Rucksack packte und losging.

Auch meine beiden Begleiter, Sher Khan und Nazir Sabir, machten einen selbstsicheren Eindruck. Shera, Major der Kavallerie, war Bergsteiger und Begleitoffizier in einer Person. Aus dem Geschlecht der Könige von Hunza stammend,

»Meine Familie hat in Hunza 1400 Jahre lang regiert, bis das Land 1964 von Pakistan annektiert wurde.«
Sher Khan

Die behelfsmäßige Seilbahn bei Jola

Die Gasherbrum-Gruppe von Westen; in der Mitte die undurchstiegene Westwand des Gasherbrum IV

war er schlank, schmalgliedrig und gebildet. Seine Ausdauer und Willensstärke haben ihn zu Recht den Ruf eingebracht, der erfolgreichste Bergsteiger Pakistans zu sein. Der andere, Nazir, ein kleiner, rothaariger Bergführer, war der bessere Kletterer. Bei der Erstbesteigung des K2-Westgrates war er die entscheidenden Strecken vorausgestiegen. Seine ruhige, herzliche Art hatte ihn landauf, landab beliebt gemacht. Überall, wo wir hinkamen, wurden wir freudig begrüßt. Der langjährige Wunsch, die Einheimischen als gleichwertige Kletterpartner in meine Expedition einzugliedern und voneinander zu lernen – hier war er bis zur Idealvorstellung in Erfüllung gegangen.
In Urdukas trafen wir mit einer amerikanischen Expedition zusammen, die ihre Besteigung des Gasherbrum II abgebrochen hatte. Einer ihrer Freunde war von einer Lawine mitgerissen und getötet worden. Zwei hatten sich nur wie durch ein Wunder retten können. Seit Tagen war alles grau, grau und ohne Umriß. So war es oben am Berg schon seit Wochen, sagten uns die Amerikaner. Dazu herrschte verstärkte Lawinengefahr. Es wäre am Berg nichts zu machen.
In Urdukas teilten wir unseren Brennstoff und die Nahrungsmittel. Vier Trägerlasten mit Essen und Gas brachten Nazir und ich zum Broad-Peak-Basislager. Sher Khan führte den Haupttrupp der Träger inzwischen über den Abruzzi-Gletscher weiter in Richtung Gasherbrum. Zwei Wegstunden oberhalb von Concordia holten wir ihn ein. Es schneite und die Balti in ihren grauen Umhängen hockten wie Steine im Grau zwischen Schuttstrom und Nebel.
Gleich als wir anderntags am oberen Abruzzi-Gletscher unser Basislager aufschlugen, besuchten uns zwei Wissenschaftler, ein Österreicher und ein Deutscher. Sie baten uns, am Gasherbrum II nach ihren Freunden zu suchen, die schon seit mehr als zwanzig Tagen am Berg seien. Eine Woche vorher waren sie zuletzt gesehen worden, nun vermißt. Wir versprachen, unser Bestes zu tun.
Wir waren noch nicht akklimatisiert, der Schnee war schlecht. Einige Tage lang narrte uns das Wetter. Allen Hoffnungen zum Trotz – kühlen Abenden folgten verregnete Morgen – mußten wir den Aufstieg von mal zu mal aufschieben. So ging das eine Woche lang. Am Abend des 20. Juli wieder Nordwind und Kälte.

»Um drei Uhr früh ist es so warm, daß wir es vorziehen abzuwarten. Dicke, schwarze Wolken hängen in den Gletscherbecken. Schade um diese Nacht im Halbschlaf, immer bereit auf die Uhr zu sehen und loszumarschieren.«
Reinhold Messner

Das Zelt und die Tagebücher der beiden toten Bergsteiger am Gasherbrum II

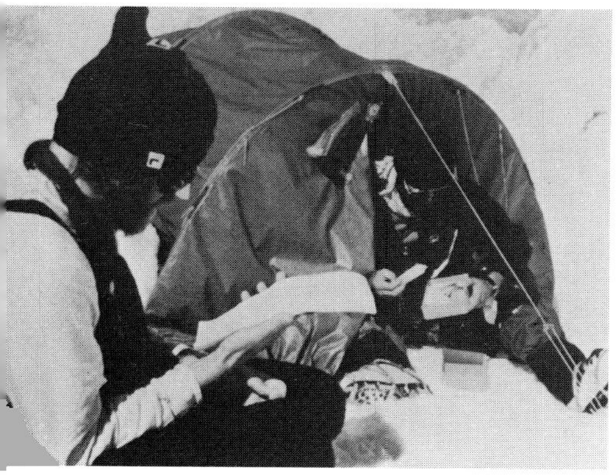

Wir packten. So als ob es jetzt richtig losginge. Einige Tage vorher schon waren wir ins Gasherbrum-Tal aufgestiegen und hatten am Bergfuß ein Depot errichtet. Es galt nun, dort ein Lager aufzubauen und mit zwei Biwaks bis an den Fuß der feingezeichneten Gipfelpyramide heranzukommen. Dort oben waren die beiden vermißten Österreicher zuletzt gesichtet worden.
Unseren ursprünglichen Plan, vom Gasherbrum La über eine neue Route zum Gipfel zu steigen, hatten wir aufgegeben. Vielleicht konnte den beiden Vermißten noch geholfen werden. Wir wollten auf dem Normalweg nach ihnen suchen.
Am 21. Juli brachen wir bei klarem Wetter auf, erreichten nach zwei Klettertagen ein grünes Biwakzelt auf halbem Weg zwischen dem Gasherbrum-Tal und der Felspyramide des Gipfels. Die Strahlungshitze war fürchterlich. Ich war weit voraus und spurte rechts der Gratkante hinauf. Plötzlich stand da dieses Zelt vor mir. Ich war etwa 6800 Meter hoch, das Zelt war zweifellos das der beiden verschollenen Österreicher. Aus Angst, aufzumachen und in ein unbekanntes Gesicht zu sehen, rief ich die vermeintlichen Insassen an. Keine Antwort. Zuerst durchfuhr mich ein Schrecken, dann, als ich es öffnete, war niemand da. Essen und Gas für eine knappe Woche lagen noch drinnen, Kletterausrüstung, zwei Tagebücher. Die letzte Eintragung war vom 7. Juli. Das Zelt stand da, als ob man es nur für wenige Stunden verlassen hätte.
Ein Stück verfolgten wir die Spur der Österreicher, sie war wie die Spur von zwei guten Bekannten. Da oben wird wohl jeder Artgenosse zum Leidensgenossen und damit zum Freund. Immer, wenn ich mir die beiden lebend vorstellte, ein Gefühl der Wärme, der Gemeinsamkeit.
Später, es war schon Nachmittag und ziemlich stürmisch, kletterten wir zwischen steilen, lawinenschwangeren Schneehängen und einem abgerundeten Felsgrat gerade empor. Keine Spur mehr, kein Seil, alle Zeichen der Vorgänger wie ausgelöscht. Oben, 7400 Meter hoch, am Fuß einer jäh ansteigenden Felswand, bauten wir unser Biwakzelt auf.
Das Wetter schlug um. Wieder Schneefall und Sturm. Wir brachen am Morgen trotzdem auf, gingen weiter – und fanden in einer Felsnische einen Toten.

Blick von Concordia zum K 2, Broad Peak, Gasherbrum-Gruppe und Chogolisa; ganz rechts im Bild der Mitre Peak

»Kältevorstellungen sind schwer, wenn es warm ist.«
Ulrike Stecher

Abstieg vom Gasherbrum II-Gipfel

»In Gedanken bin ich schon oft am Gipfel gewesen.«
Friedl Mutschlechner

Ausblick vom Gipfel des Broad Peak
Gasherbrum I, II, III, groß Gasherbrum IV

Die Begegnung mit dem Tod brachte für Augenblicke den Sturm zum Schweigen. Der Schneestaub in der Luft erstarrte. Nochmals sah ich hin. Traurigkeit hob alles um mich herum auf. Der steife Körper lag da, als ob jemand vergessen hätte, weiterzuleben.
Die Leiche lag unter einem nach Westen hin auskragenden Felsblock. Der Biwaksack war über die Beine etwas hochgerutscht und die weißen Plastikstiefel ragten über die Plattform hinaus, auf der zwei Männer nebeneinander hocken hätten können. Es war aber nur einer da. Dieses Bild registrierte ich, verarbeitete es nicht. Wie ein Fotoapparat hatte ich die Situation aufgenommen – klick – und meine Empfindungstore wieder verschlossen.
Als ich höher stieg, mehr auf der Suche nach dem Körper des zweiten Toten als auf dem Weg zum Gipfel, versuchte ich an den gefundenen Mann zu denken. Es gelang mir nicht. Ich konnte ihn mir lebend nicht vorstellen, so als wäre er nie lebendig gewesen. Wir fanden eine Spur, die sich am Grat im Nichts verlor.
Im dichten Schneetreiben hasteten wir weiter. Eine Stunde später standen wir auf dem Gipfel. Nur, weil Shera ihn von einer früheren Besteigung her kannte, konnten wir ihn finden. Auch, weil es höher nicht ging.
Vorsichtig – Gesicht zur Wand war Befehl – stiegen wir zurück, verloren unsere Aufstiegsspur und bald auch die Orientierung. Panik! Ich stieg am Grat auf und ab bis ich im Sturm die Rinne vom Ostgrat zum Plateau fand. Gerettet! Aber nur für Stunden. Wiederholt weckte mich in der Nacht die Angst, für Tage in Nebel und Sturm gefangen zu sein.
Zweimal noch verloren wir anderntags im Nebel den Weg. Dabei wurde mir bewußt, wie groß auch dieser Berg, ein sogenannter »kleiner« Achttausender, ist. Wie wir bei Lawinengefahr, fünf Metern Sicht und jagendem Sturm abgestiegen sind, hatte ich im Gasherbrum-Tal schon wieder vergessen.
Zwei der drei Achttausender waren mir nun trotz Krankheit und dem Ausfallen von Friedl Mutschlechner gelungen. Das gab mir neue Kraft, jene Energie, die ich für den dritten brauchte. Ich war weder erschöpft noch satt, der Wunsch weiterzumachen, war größer als vor dem Aufbruch zum Kangchendzönga.
25 Jahre nach der ersten Besteigung des Broad Peak durch Hermann Buhl, den ich als Bub schon bewundert hatte, würde ich über seine Route auf diesen seinen letzten Gipfel steigen, um mich auf meine Weise an diesen großartigen Bergsteiger zu erinnern. Hermann Buhl ist wenige Wochen nach der Besteigung dieses, seines zweiten Achttausenders an einem Nachbarberg, der Chogolisa, durch eine Wächte gebrochen, abgestürzt und seitdem verschollen.
Der Abstieg vom Gasherbrum-Basislager ins Broad-Peak-Basislager zog sich viele Stunden lang über Moränen und Bäche. Dünne Zirren glitten über den Himmel, der Höhenmesser stieg. Nur jetzt keinen Schlechtwettereinbruch! Die Westflanke des Broad Peak ist lawinengefährlich, erst wenige Wochen vorher war dort ein Deutschamerikaner von einer Lawine getötet worden.
Voller Erwartung erreichten wir den Godwin-Austen-Gletscher am Fuße des Broad Peak. Ich war zuversichtlich, entschlossen, nochmals alles einzusetzen; notfalls so lange zu warten, bis der Hattrick möglich war. »Drei auf einen Streich« hatte Uschi diesen Plan genannt. Allerdings, Achttausender sind keine Fliegen ...

Der polnische Bergsteiger Voytek Kurtyka

»Wichtig ist, was nach dem Gipfel kommt, die Katharsis, die durch das totale Erschlafftsein erreicht wird.«
Voytek Kurtyka

Nazir Sabir am Gipfel des Broad Peak

»Reinhold hat angerufen: ›Bulle, im Winter am Cho Oyu brauchen wir einen Arzt!‹ Dieses Telefonat fährt mir ein wie Elektrizität, wie einem Fixer Heroin. Ich bin aufgeregt wie selten, gehe auf meine 20 km Laufstrecke um zu meditieren. Nach 2 km weiß ich, daß ich an dieser Expedition teilnehmen werde.«
Oswald Oelz

Aber weil ich immer noch begeistert war von dieser Idee, genoß ich das karge Leben. Unser Lagerplatz, eigentlich nur ein windiger, trostloser Moränenrücken, gefiel mir.

Nach einem einzigen Rasttag brachen wir auf. Ich war frischer als zwei Wochen zuvor beim Aufbruch zum Gasherbrum II.

31. Juli – Morgengrauen. Die Wolken über dem K2 erinnerten mich an Gedanken, die mich beim Einschlafen am Abend vorher verfolgt hatten. Jetzt waren sie nicht mehr greifbar, zogen weiter. Die Träume und die beiden Freunde standen dazwischen. Sher Khan und Nazir Sabir waren mir vertraut geworden. Ich wünschte mir eine Art von Verschworenheit, die über diese Expedition hinausging.

Am ersten Tag stiegen wir, einen Lagerplatz überspringend, bis in die Mitte des Westsporns hinauf. Vojkek Kurtyka und sein polnischer Freund stiegen gerade vom Gipfel ab. So im Vorbeigehen lud ich Voy zur Cho Oyu-Expedition ein. Am zweiten Tag blieben wir auf 7100 Meter, um uns nicht zu überanstrengen. Am dritten Tag, es war kalt und windig, aber strahlend schön, wußten wir schon beim Anziehen, daß wir den Gipfel erreichen würden.

Knapp vor fünf Uhr brachen wir auf. Das erste Stück spurte ich, dann ging Shera voraus. Um neun Uhr standen wir in der Westscharte. Der Grat über uns war endlos; das Wetter so schön, daß der Himmel schwarz wirkte.

Im gleichmäßigen Rhythmus stieg nun wieder Sher Khan hinter mir her. Nazir Sabir folgte. Dieses Gehen – Innehalten – Gehen machte uns zu einer Einheit. Es war wie gemeinsames Wollen, Hoffen – auch Vergessenwollen. Gefahren waren im Augenblick wie ausgeklammert.

Auf dem Vorgipfel über der Westscharte warteten wir wieder aufeinander. Der Gipfel schien immer noch weit entfernt. Wie klar ich mich an den Bericht der Erstbesteiger erinnern konnte! Vor 25 Jahren hatten sie hier gestanden, den wenige Meter höheren Hauptgipfel gesehen und umkehren müssen. Schmuck, Wintersteller, Diemberger und Buhl waren bis ins Basislager abgestiegen, um neue Kräfte für den Aufstieg zum allerhöchsten Punkt zu sammeln. Nur mit dem Vorgipfel hatten sie sich nicht zufriedengegeben. Diese riesigen Schaumrollen aus Preßschnee! Diese Windwolken am nahen Himmel! In diesen Stunden glaubte ich meinen Augen, meinen Ohren, meinem Leben mehr als allen Philosophien und Religionen der Welt.

Es war noch Vormittag. Der Grat war nahezu flach. Ich war zwar müde, hätte aber nicht einfach aufhören können, ohne am Gipfel gewesen zu sein.

Die Vorstellung, jetzt – wie sie sich oft auch in meine Träume schleicht –, zu verschwinden, mich nach vielen Jahren des Weiterziehens in der Ferne und in der Zeit aufzulösen! Diese wachsende Lust, immer weiterzugehen, rund um die Welt . . .

Zwei Wochen später, bei der Ankunft am Flughafen in München, empfingen mich die Teilnehmer der nächsten Expedition. Jetzt konnte ich mich ganz auf den Cho Oyu konzentrieren, jetzt war wieder Platz da für neue Ideen, für Freunde, für den Wahnsinn »Himalaja im Winter«.

Gasherbrum II, 8035 m, Südwest

»Die europäischen Bergsteiger, die ich am Gasherbrum treffe, bemühen sich, ihr Erstaunen über mein Auftauchen zu verbergen. Der eine und andere, der nach den Zeitungsberichten im Mai nicht mit einem Überleben rechnete, scheint sogar Hemmungen zu haben vor einem Wiedersehen.«
Reinhold Messner

Lageskizze der Gasherbrums

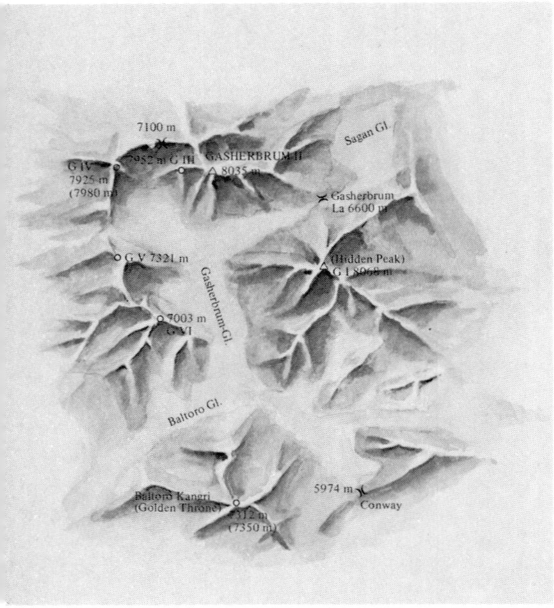

Die Gasherbrum-Gruppe vom Abruzzi-Gletscher aus

Geographische Lage: Großer Karakorum
35° 45′ 31″ n.Br. 76° 39′ 15″ ö.L.

1892 W. M. Conway gewinnt bei seiner Karakorum-Expedition wichtige Einblicke in die Gasherbrum-Gruppe.

1909 Die Expedition des Herzogs der Abruzzen – mit Vittorio Sella als Fotografen – erkundet und fotografiert die Gasherbrum-Gruppe von Norden (Sella-Paß) und von der Chogolisa aus.

1934 G. O. Dyhrenfurths internationale Expedition steigt den Gasherbrum-Gletscher hinauf und studiert eine Aufstiegsmöglichkeit zum G II.

1956 Erste Besteigung des Berges über den Südwestgrat. Der Leiter der achtköpfigen österreichischen Mannschaft ist F. Moravec. Nachdem eine kleine Lagerkette (3 Hochlager) aufgebaut ist, steigen S. Larch, H. Willenpart und F. Moravec mit einem Biwak (ca. 7500 m) am 7. Juli über den Ostgrat zum Gipfel.

1975 15 Mann stark ist die französische Expedition unter der Leitung von J.-P. Frésafond, der am 18. Juni die zweite Besteigung des Berges über eine neue Route (Südrippe) gelingt. M. Batard und Y. Seigneur erreichen den Gipfel. Nach einem zweiten Versuch am 19. Juni weigert sich der kranke B. Villaret de Cahuvigny abzusteigen und stirbt in einem Höhenbiwak. L. Audoubert kann sich allein in Sicherheit bringen. Rettung von unten ist wegen des schlechten Wetters unmöglich.

1975 Die polnische Gasherbrum-Expedition besteht aus einem Männerteam (Leiter: J. Onyszkiewicz) und neun Frauen (Leiterin: W. Rutkiewicz). Der gemeinsame Aufstieg verläuft ungefähr über die Österreicher-Route. Am Fuß der felsigen Gipfelpyramide steht das letzte Hochlager (ca. 7400 m). Von hier aus erreichen die Polen den Sattel zwischen G II und G III, L. Cichy, J. Onyszkiewicz und K. Zdzitowiecki steigen über die Nordwestwand weiter (Variante) zum Gipfel. Der Abstieg erfolgt über den Ostgrat (Überschreitung der Gipfelpyramide). Zwei weiteren Seilschaften (darunter eine Frauenseilschaft) gelingt innerhalb dieses Unternehmens der Aufstieg über den Normalweg.

1982 12 Expeditionsgruppen waren bisher erfolgreich (12 Besteigungen). Es gibt insgesamt drei Routen, die alle irgendwo in den Normalweg münden. 1975, 1976 und 1982 ereignen sich tragische Unglücksfälle.

Fritz Moravec

Gasherbrum II, 8035 m

Der Gasherbrum II ist mit nur zwei Routen und einer Variante wenig erschlossen. Mit Sher Khan und Nazir Sabir erreichte Reinhold Messner über den Südwestgrat am 24. Juli 1982 den Gipfel. C = Camp, B = Biwak, AC = Österreicher Camp, † = Toter.

Österreicher-Route (Südwestgrat), 1956 ————————
Franzosenroute, 1975 —•—•—•—•
Route der Polen, 1975 ∘∘∘∘∘∘∘∘∘∘∘∘∘∘∘∘∘∘

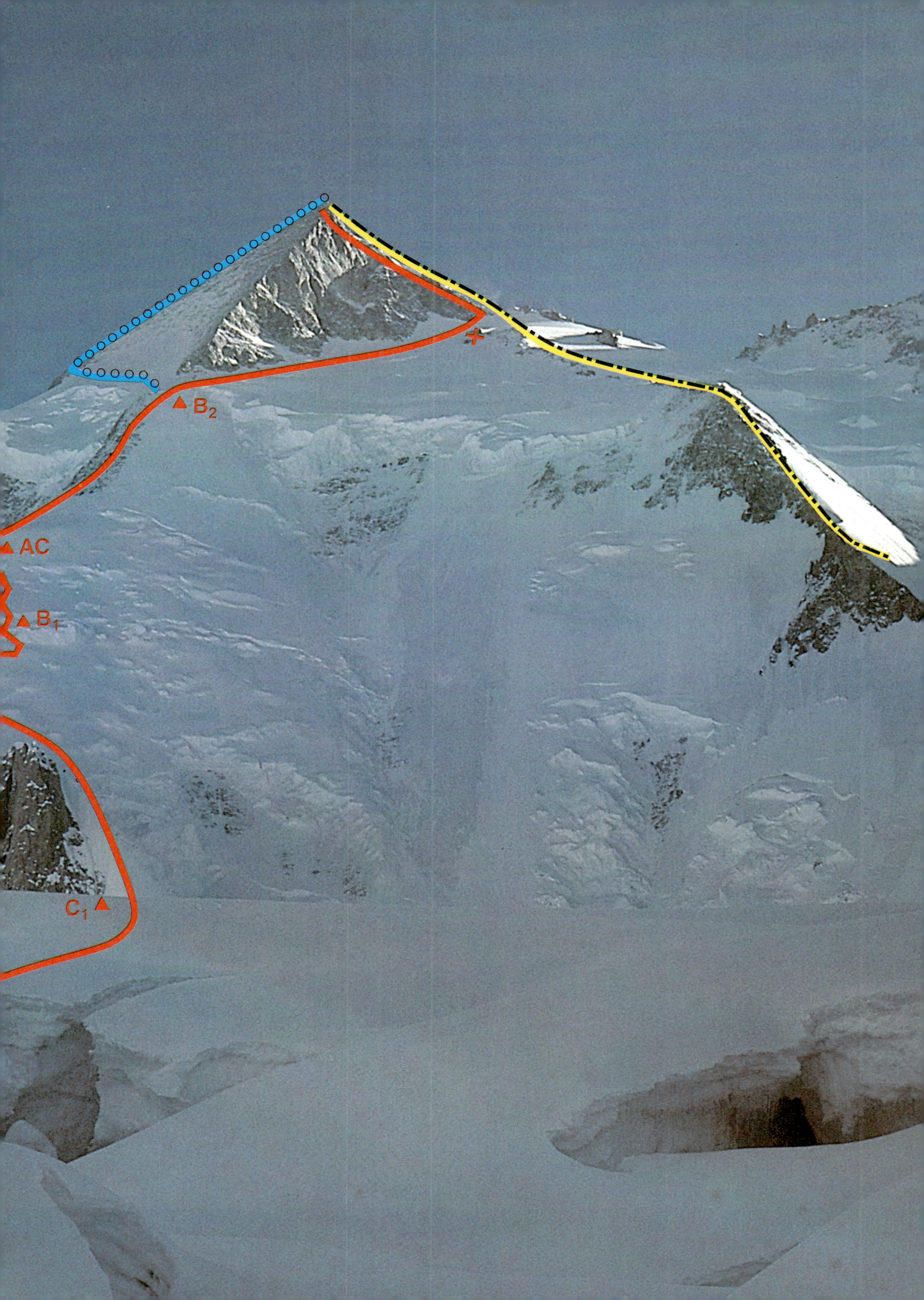

B2
AC
B1
C1

Karakorum

Der Anmarsch

»Es ist heiß, hohe Federwolken ziehen über den Streifen Himmel, den die Granitfluchten von Baltoro einrahmen. Ganz hinten der Broad Peak.«
Reinhold Messner

Vorhergehende Doppelseite: Blick von
Blick von Urdukas auf den Baltoro-Gletscher

Der Gipfel des Hidden Peak

Nachtlager der Balti-Träger auf dem Abruzzi-Gletscher

Der Broad Peak von Westen

»In diesem Jahr sind so viele Expeditionen im Karakorum unterwegs, daß wir Sie bitten müssen, vier Wochen später als geplant zu kommen, um Kollisionen zu vermeiden.«
Generalmajor Qamar Ali Mirza

»Um 6 Uhr marschiere ich mit den letzten Trägern los. Die Wassergräben sind noch leer, Rauch quillt aus Ritzen und Dachluken der Lehmhäuser. Vereinzelt Frauen, die Wasser holen.«
Reinhold Messner

Trägerkarawane am Baltaro-Gletscher
Frauen auf einem Hausdach in Askole

Baltoro

»Urdukas. Wir haben jetzt 2 Holzträger, 4 Träger für Broad-Peak-Proviant, 16 Träger für das Gasherbrum-Basislager. Den ganzen Nachmittag über braten sie Roti, bereiten sie Fleisch zu. Wir haben alle Rationen ausgegeben und sie kochen im Voraus.«
Reinhold Messner

»Immer wieder begegnen wir kleinen Trägergruppen. Es ist ein Kommen und Gehen wie beim Aufstieg zu einer Schutzhütte in den Alpen. Dabei fließen Nachrichten, Gerüchte.«
Reinhold Messner

Träger vor einer Felsenhöhle in Urdukas
Trägerkolonne auf dem Baltaro-Gletscher

Nachtlager in Gore
Das letzte Grün in Urdukas
Karim, unser Koch

»Auf dem langen Weg zu den Gasherbrums erleben wir nur einen heiteren Abend.«

Reinhold Messner

Das letzte Nachtlager vor dem Basislager am Gasherbrum II
Baliträger im Schneetreiben

Gasherbrum I

G II-Eisbruch

Vorhergehende Doppelseite:
Aufstieg am Gasherbrum II

Im Spaltenlabyrinth des oberen Gasherbrum-Eisbruchs

Im unteren Teil des Gasherbrum-Eisbruchs

»Mir vergeht der Appetit, wenn diese Männer beim Abschied ihre Pläne für die nächsten Monate besprechen. Ganz sachlich wird da ständig über gefährliche Eistürme geredet, die zu umgehen sind, über Séraczonen, unter denen man in Windeseile vorbeiklettern muß, weil sie tödliche Munition bereithalten, über den Sturm, der einen nicht gesicherten Mann aus der Wand reißen kann.«

Uschi Demeter

»Eines Nachts dreht der Wind, die Wolken verschwinden, der Himmel wird tief. Über den Eisbruch steigen wir bis an den Fuß des Gasherbrum II auf. Das strahlende Wetter treibt uns zur Eile an.«

Reinhold Messner

»Was ist ein vernünftiges Leben? Ich glaube nicht, daß Herzinfarkt und Intensivstation einen schöneren Tod bereithalten als die Berge. Und mit Sicherheit ist der Tod am Berg menschlicher als der Tod durch die Neutronenbombe.«

Uschi Demeter

Am Fuße des Gasherbrum II
Gasherbrum-Basislager mit Hidden Peak

Aufstieg

»Manchmal drückt sich die Freude über den Verlauf eines Schneegrates bei mir so aus, daß ich immer weiter nach oben steige. Das starke Gefühl dabei, den Raum zwischen mir und dem Himmel

Aufstieg über den Firngrat zwischen dem Lager im Gasherbrum-Tal und dem ersten Biwak

Steilstufe im Sérac-Gürtel am
Gasherbrum II

zu überwinden, ist wie eine gebogene Linie, ein Stück von einem Kreis. Wenn plötzlich Nebel einbrechen, sind mein Jubel und dieser Raum verschwunden, keinerlei Himmelsnähe mehr.«
Reinhold Messner

Aufstieg am steilen Firngrat zum ersten Biwak
Biwakplatz im Séracgürtel

»Sturm, Nebel, keine zehn Meter Sicht. Unschlüssigkeit. Wo ist der Gipfel? Es reißt wieder auf. Über Sinkiang hohe Wolken, Nebel. Zwei Stunden lang spure ich den Gipfelhang hinauf. Dann erreichen wir über einen Messerrücken-Grat sein Ende, keinen Ort, nur Schnee und Nebel.«
Reinhold Messner

Nazir Sabir wenige Meter unter dem Gasherbrum-Vorgipfel

Gasherbrum II, G III und G IV von Süden. Links des G IV ist der Mustagh-Tower zu erkennen

Zum Gipfel

Der messerscharfe Gipfelgrat des Gasherbrum II
Das letzte Biwak
Im Hintergrund der Hidden Peak

»Weil ich ein linker Student war, ist meine Bergsteigerlaufbahn immer wieder durch Gefängnisaufenthalte unterbrochen worden. Endlich frei, sperrt mich jetzt Nebel ein.«
Nazir Sabir

Broad Peak

Vorhergehende Doppelseite: K 2 und Broad Peak bei aufkommendem Schlechtwetter

Die Südflanke des K 2 vom Broad Peak aus

Lawinenabgang im Hintergrund des Broad-Peak-Basecamps

»Wir überqueren den aufgewühlten Gletscher, steigen links der üblichen Führe in zweieinhalb Stunden bis ins erste Lager der Buhl-Expedition. Zelt-

Rast im ersten Lager der Buhl-Expedition. Im Hintergrund die Chogolisa

Tiefblick zum Baltoro-Gletscher mit Marvel Peak und Masherbrum

Aufstieg in der Wandmitte am Westsporn

reste, zwei Plattformen hinter einer Felsnadel. Weiter geht es nach Lager 2 (6400 m).«

Reinhold Messner

Aufstieg

»Beim Tiefblick auf den gewundenen Gletscherstrom befällt mich die seltsame Frage. ›Aus welcher Zeit stammen diese Straßen? Und wann werden wir die Heimkehr antreten?‹ Der Gipfel über uns ist jetzt so verzerrt wie meine Einstellung. Von unten sah ich den Berg als Ganzes, von oben den Heimweg. Wie sich allein durch den Blickwinkel meine Sehnsüchte verändern.«

Reinhold Messner

Tiefblick vom Westsporn des Broad Peak auf den Godwin-Austen-Gletscher

Der lange Grat

»Wenn nichts anderes übrigbleibt, werde ich für diese Expedition alles aufgeben, auch meine Arbeit.«
Nazir Sabir

»Ich war sehr scharf darauf, an einer Expedition im Alpenstil teilzunehmen. Mir liegt viel an gutem Stil.«
Sher Khan

»Das Wetter ist gut, die Stimmung auch. Den ganzen Vormittag über steige ich im Geiste mit Hermann Buhl.«
Reinhold Messner

Aufstieg in die Westscharte
Blick aus der Westscharte zum Vor- und Hauptgipfel des Broad Peak
Der Broad Peak von Nordwesten
Nord-, Mittel- und Hauptgipfel des Broad Peak

Der Hattrick

»Als ich ein Kind war, gab es für mich keinen faszinierenderen Berg als den Rakaposhi, der hinter unserem Haus aufragte. Immer wieder sah ich ihn an und hoffte, ihn eines Tages zu besteigen und dann auf unser Haus hinunterzuschauen. Jetzt möchte ich noch auf den K 2.«

Sher Khan

Sher Khan, Nazir Sabir am Gipfel des Broad Peak. Im Hintergrund der K 2. Nazir hält ein Bildchen seiner japanischen Freundin vor die Kamera

Der Gipfel des Broad Peak

Der lange Wächtengrat zum Gipfel

Auf dem Gipfel des Broad Peak

Wächte zwischen Vor- und Hauptgipfel

»Der Wind hat mich hierhin und dorthin geweht, aber wie ich jetzt feststelle, stets in deine Richtung, Reinhold.«

Nazir Sabir

Felskletterstelle zwischen Westscharte und Vorgipfel

B2
B1

Broad Peak, 8048 m, West

»Traumwetter. Der Himmel indigoblau. Ich lese, ein französischer Wanderer besucht uns und lädt mich nach Paris ein. Dieser warme, windstille Tag läßt mich jede mögliche Idee an den Achttausendern für realisierbar halten.«

Reinhold Messner

Hermann Buhl, der Erstbesteiger des Broad Peak, nach der ersten Solobegehung der Badile-Nordostwand

Geographische Lage: Großer Karakorum 35° 48′ 35″ n. Br. 76° 34′ 25″ ö. L.

1892 Die britische Expedition unter W. M. Conway gibt dem Berg, der »als riesiges Breithorn den Raum zwischen K2 und den Gasherbrums füllt« den heutigen Namen.

1902 Bei der Eckenstein-Expedition zum K2 wird die Höhe des Broad Peak auf 8500 m geschätzt.

1909 Vittorio Sella fotografiert den Berg von Norden, Westen und Süden.

1929 Die Expedition des Herzogs von Spoleto vermißt den Broad Peak neu. Errechnete Höhe: 8047 m.

1954 Eine deutsch-österreichische Expeditionsmannschaft mit vorzüglichen Bergsteigern scheitert – auch wegen Unentschlossenheit – an der Westflanke.

1957 Die erste Besteigung durch die von M. Schmuck geleitete Kleinexpedition bleibt eine Glanzleistung in der Achttausendergeschichte. Nachdem am Westsporn (relativ lawinensicher) drei Lager errichtet sind und der Weg streckenweise mit Seilen gesichert, wagt das Viererteam ohne Fremdhilfe den Aufstieg bis zum Gipfel. Der erste Versuch muß am Vorgipfel abgebrochen werden. Zum Hauptgipfel ist es zur späten Stunde (15 Uhr) zu weit. Anfang Juni, nach einer Rast im Basislager, sind H. Buhl, K. Diemberger, F. Wintersteller und M. Schmuck wieder im Lager 2. Am 9. Juni erreichen alle vier den Gipfel, der erste Achttausenderaufstieg, der dem nahekommt, was wir heute »Alpenstil« nennen.

1975 Besteigung des knapp 8000 m hohen Mittelgipfels durch die Polen K. Glazek, M. Kesicki, J. J. Kulis, B. Nowaczyk, A. Sikorski. Beim Abstieg stürzt Nowaczyk in die Ostwand ab, Kesicki und Sikorski stürzen in der Westflanke zu Tode.

1982 Der Hauptgipfel ist bisher, 25 Jahre nach der Erstbesteigung, ausschließlich auf der Buhl-Route und nur siebenmal bestiegen worden. Zahlreiche Versuche, darunter auch einige am Nordwestgrat, scheiterten. Mit der größeren Zahl an Expeditionen in den vergangenen fünf Jahren nahmen auch die Unfälle mit tödlichem Ausgang zu (Lawinen, Erschöpfung).

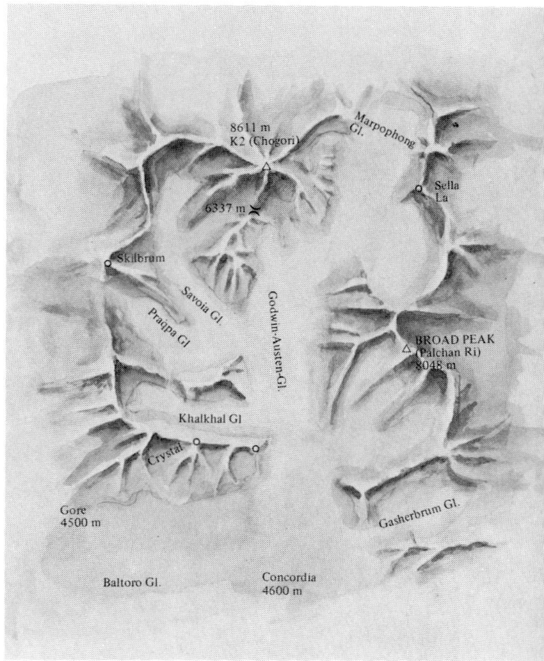

Kartenskizze Broad Peak/K2

Broad Peak, 8048 m

Am Broad Peak gibt es, wenn man von den Einstiegsvarianten absieht, bis heute nur eine Aufstiegsroute. 25 Jahre nach der bahnbrechenden Leistung der Buhl-Expedition (1957) wollte Reinhold Messner diesen Weg wiederholen. Nach drei Tagen Kletterei und zwei Biwaks erreichte er mit Nazir Sabir und Sher Khan am 2. August 1982 den Gipfel. B = Biwak

Österreicherroute von 1957 ————

Polenroute zum Mittelgipfel, 1975 — — — —

Einstiegsvariante, 1982 —•—•—•—•

Der Broad Peak von Norden

Den alten, weisen Raben wollt' ich fragen . . .

Jul Bruno Laner

»Wir sind eine Gemeinschaft, sprechen vertraulich miteinander, oft ohne Übergang und Einleitung; das fällt einem hier leichter als zuhause.«
Ulrike Stecher

»Mir macht der psychische Druck zu schaffen, den ich verspüre, wenn ich an die unausgesprochene Hierarchie denke, die jeder jedem nolens volens zuordnet.«
Hans Peter Eisendle

Jul Bruno Laner

In Naturns in Südtirol wurde die Expeditionsmannschaft der Presse vorgestellt. Von links oben nach rechts unten: Luis Stefan Stecher, Friedl Mutschlechner, Paul Hanny, Hans Kammerlander, Hans Peter Eisendle, Vanessa Oelz, Dr. Oswald Oelz, Jul Bruno Laner, Reinhold Messner, Uschi Demeter. Dazu kamen noch Voytek Kurtyka, Ulrike Stecher und Anna Hecher.

Einen Fuß vor den anderen setzte ich auf dem Weg von Phakding nach Namche Bazar. Ich trug nur meinen Pullover. Hatte uns Reinhold, der »König der Berge« nicht geraten, keine Lasten zu tragen? Viele tausend Kilometer und einige Wochen zurück lagen der Spott und die Bedenken meiner Freunde. »Was, Du willst mit dem Messner in den Himalaja? Also, dann Aufnimmerwiedersehen! Mit Deinen zwei Zentnern Gewicht hältst Du am Berg keinen Tag durch! Diese extremen Burschen haben anderes zu tun als auf Dich aufzupassen. Der Messner hat nur den Gipfel im Kopf. Bist Du verrückt?«
Mein Atem ging schwer, trotzdem fühlte ich mich wohl. Jeder Schritt war mir Genugtuung: »Ich schaffe es schon! Reinhold hetzt schließlich niemanden in den Tod, er ist erfahren und weiß, was er jedem von uns zutrauen kann.«
Luis Stecher, der Maler, und ich waren vom Atelier beziehungsweise vom Schreibtisch weg in den Himalaja gekommen und Reinhold hatte uns verboten, schwere Rucksäcke zu tragen. Wer wußte schon, wie zwei »beleibte Philosophen« bei harten Tagesmärschen in Himalajahöhen aussehen würden.
Das hier war wirklich eine »barocke« Expedition. Barock im ursprünglichen Sinne des Wortes. »barocco« kommt aus dem Portugiesischen und bedeutet »unregelmäßige Perle«. Dieses Zusammensein von Menschen verschiedenen Alters, Geschlechts, weltanschaulichen Hintergrunds und Könnens – wer hatte schon einen Beruf? – war die Unregelmäßigkeit schlechthin. Und doch sollten wir eine eingeschworene Freundesgruppe werden.
Nicht nur Luis und ich, auch Anna und Ulrike, ja sogar Uschi, Reinholds Frau, waren keine abgebrühten Himalaja-Freaks. Wir waren den professionellen Kletterern gegenüber Laien, denen man zum Teil noch zeigen mußte, wie man einen Schlafsack so luftdicht verschließt, daß man darin nicht erfriert.
Die dünne Höhenluft machte sich bemerkbar. Die Anstrengung war beachtlich, so gingen wir langsam, nicht schneller als Herz und Lungen es erlaubten. Der Körper bewegte sich mechanisch nach oben, während die Gedanken immer freier wurden. Wie im Zeitraffer tauchte der Hintergrund dieser Expedition nochmals

»Manchmal bin ich richtig stolz darauf, zu dieser Gruppe zu gehören, zu einer Expeditionsgruppe überhaupt.«
Anna Hecher

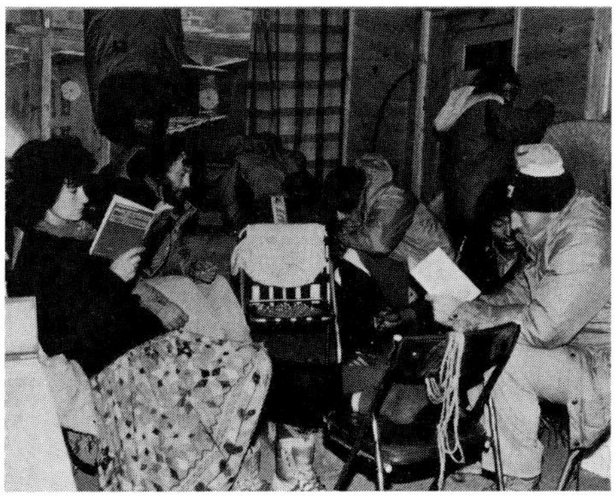
Quartier in Namche Bazar

»Es ist nicht einfach, die drei Tonnen Gepäck auf eine Höhe von 5200 Metern zu schaffen. Der Winter im Himalaja ist stürmisch, die Nachttemperaturen sinken bis auf minus 50 Grad.«
Reinhold Messner

Anna Hecher

in meinem Gedächtnis auf: die Pläne ein Jahr zuvor, der Entschluß, nicht mehr zu rauchen, meine Trainingsläufe über den Weg, der steil in die Bozner Porphyrplatte geschnitten ist. Dann die Angst um Friedl Mutschlechner mit seinen am Kantsch angefrorenen Fingern und Zehen, das Bangen um Reinhold, den wir drei Achttausender lang nicht mehr sehen sollten. Von seinem Überleben würde diese Winterexpedition abhängen. Nach seiner triumphalen Rückkehr die Sorgen um die Finanzierung des neuen Unternehmens, wochenlanges Packen, der Nachtflug nach New Delhi und Kathmandu. Wie eine seelische Sauna wirkte diese plötzliche Verpflanzung in eine religiös und ethnisch so vielschichtige Ecke Asiens.

»Wie weit ist es noch bis Namche Bazar?« Das war jetzt meine einzige Sorge, die Frage, die ich allen entgegenkommenden Trägern stellte. In der Körpersprache gab es keine Verständigungsbarrieren. Es wäre nicht weit, hieß es, aber es würde schneien in Namche Bazar. »Namasdé« – »Ich grüße das Göttliche in Dir« eröffnete und beschloß alle unsere Gespräche.

In einer kleinen Holzhütte suchte ich Schutz vor dem Nieselregen. Eine mandeläugige Sherpani verkaufte heißen Tee. Aus einer riesigen Thermosflasche goß sie immer wieder nach. »Bist Du auch einer von der Messner-Expedition?«, fragte plötzlich ein Schweizer, der neben mir seinen Tee schlürfte. »Warum?«, fragte ich zurück. »Weil Du auch blaue Hosen mit weißen Streifen anhast.« Und dann: »Ja, so, Du gehst also zum Cho Oyu?« Plötzlich fühlte ich mich unter Leistungsdruck gesetzt. Als wäre ich einer der »Extremen«, spürte ich die mir unbehagliche, weil unverdiente Reverenz. Ich nickte freundlich, bezahlte sechsmal Tee und verabschiedete mich mit einem »Namasdé«.

Wie gern ging ich allein weiter! Reinhold hatte es jedem von uns freigestellt, wie schnell oder wie langsam er ging. Der Nieselregen verwandelte sich innerhalb von 50 Höhenmetern in Schneetreiben. Novemberwetter. In Namche Bazar saßen die Dohlen auf verschneiten Bambusstangen, an denen froststeife Gebetsfahnen hingen. Die Yaks im Schnee sahen aus wie schwarze Kleckse auf Reispapier. Winter.

In einem »Hotel« aus Trockenmauern und Wellblech am Dach trafen wir von der Expedition uns wieder. Kleider wurden getrocknet, Tee geschlürft. Die wassergetriebenen Gebetsmühlen draußen vor dem Fenster wirkten in ihren Häuschen auf dem weißen Hintergrund wie gezeichnete Kinderbilder.

Am Nachmittag brachte der Wirt Pellkartoffeln, Eier und Yakbutter. Ein batteriegespeister Kassettenrekorder jaulte getragene englische Schlagermusik aus zwei Lautsprecherboxen. Aus jeder Geste des Besitzers sprach Stolz über die Diskothek im Sherpaland. Nein, hier lebte man nicht hinter dem Mond.

Einige Stunden später kamen Yaks und Träger an. Das Expeditionsgepäck steckte in 50 Containern zu je 25 Kilogramm. Alles war trocken geblieben. Die Mühen des Packens in Kathmandu hatte sich gelohnt. Die einzelnen Lasten waren zuerst in einem kleinen Flugzeug transportiert, dann auf Yaks und Träger verteilt worden. Friedl zählte die Seesäcke und Container, blaue Behälter aus Plastik, so groß wie Barhocker. Alles war da: Das Material, die Kleidung. Handgreiflich unsere gemeinsame Hoffnung. Diese Äußerlichkeiten waren vorerst das Verbindende, das, was die Gruppe auf einen Nenner brachte. Dazu kam das Wissen um ein gemeinsames fernes Ziel, die Besteigung eines Achttausenders im Winter. Jeder war auf seine Weise mit dieser Idee beschäftigt.

Und doch gab es eine Diskrepanz: Keine Unstimmigkeit, es war Spannung. Deutlich spürte ich die Kluft zwischen den erfahrenen Himalajahasen Reinhold, Bulle, Voy und Friedl einerseits – und den Greenhorns Hans und Hanspeter. Dazwischen stand Paul. Sein Verhalten entsprach dem eines pubertierenden Jungen. Keiner wußte so richtig, wann er Witze machte und wann ihm ernst war.

Die nicht gipfelambitionierte Abteilung der Expedition, die »Damen- und Kulturabteilung«, war heute wacker mitmarschiert und hatten nie jemanden aufgehalten. Das gab uns Selbstvertrauen.

Die Dunkelheit kam schnell. Reinhold ging früher ins Bett als alle anderen. Kaum war er weg, kreiste das Gespräch um die bislang unausgesprochene Hierarchie in der Gruppe. Vorsichtig wurden seelische Belastungen freigelegt. Reinhold rangierte außerhalb der Hierarchie. Er hatte aber offensichtlich für jeden einzelnen von uns eine Rolle vorgesehen. Jetzt gab jeder, ohne es zu merken, dieser Rolle jenen Stellenwert, den er sich selber zugedacht hatte. Gleichzeitig wurde jene Unruhe spürbar, die selbst eine in Watte gepackte Hackordnung auslöst.

Der große Berg wurde zum kleinsten gemeinsamen Vielfachen unserer Gruppe, die Erkenntnis dadurch klar und scharf. Hierarchie ist etwas Ursprüngliches, nur im direkten Vergleich und Wettbewerb ermittelbar, am besten an einem großen

»Reinhold hält sich meist im Hintergrund, fast, als wolle er sich selbst beiseiteschieben, damit die Gruppe ihre eigenen Gesetzmäßigkeiten herausfinden kann.«

Jul Bruno Laner

Oswald Oelz, genannt Bulle

»Nach meinem Hirnödem in diesem April 1982 im Basislager des Cho Oyu und der nachfolgenden Lungenembolie in Kathmandu falle ich in ein tiefes Loch. Ich hatte mich selbst geschlagen, krank gemacht, war fast gestorben.«

Oswald Oelz

Die Gedenkpyramide für Reinhard Karl in Gokyo. Hinten der Cho Oyu

gemeinsamen Ziel. War Reinhold nun ein Bezugspunkt? Sollten wir uns mit seiner Idee identifizieren, anstatt uns selber zu finden? Das war die Kernfrage. Der Kreis von Individualisten war mit einem Mal zum Kern von Verschworenen mit nahezu neurotischem Mitteilungszwang zusammengeschmolzen. Bald wußte jeder von jedem alles: durchgestandene Ängste und erlebte Freuden, erfahrenes Selbstbewußtsein und aufbrechende Unsicherheiten. Doch niemand wußte Antwort auf die Frage, warum Menschen bergsteigen, warum sie Strapazen, Gefahren und nochmals Gefahren auf sich nehmen, anstatt zuhause in der guten Stube die Pantoffeln zu wärmen. Von der seligmachenden Abenteuerlust über den Forschungsdrang bis hin zum Verdacht auf Masochismus kam alles zur Sprache – das Phänomen Bergsteigen blieb letztlich als eine mehr lust- als frustbringende Betätigung unerklärbar stehen.

Am nächsten Morgen riß die Wolkendecke auf. Mehrheitlich wurde beschlossen, den langen Marsch zur Hochalm von Dole anzutreten. Schnell noch wurden warme Mützen und Schals aus Yakwolle eingekauft, Ratschläge gegeben. Dann ging es aufwärts, an den hohen Stupas vorbei und an Kindern, die sich aus Pappkartonstreifen Skier gebastelt hatten, auf denen sie mit lautem Geschrei die Hänge hinabsausten.

Es waren kaum noch Trekker zu sehen. Bald öffnete sich das Solu-Khumbu-Tal und die Bergriesen wurden sichtbar: Everest, Lhotse, Nuptse, Ama Dablam – einer der heiligsten Berge der Welt. Jeder von uns ging so, wie er konnte. Die durchtrainierten Extremen rannten wie D-Züge, ich kam mir vor wie eine dampfbetriebene Bimmelbahn. Ich keuchte und mein Atem stieß stoßweise auf, als ich in einer Höhe von 4000 Metern bei einer Stupa rastete. Reinhold hatte sich noch vergewissert, ob alle nachkamen, dann erst ging er voraus, um auf der Hochalm von Dole die Aufstellung unseres Lagers zu organisieren.

An diesem Tag fiel die »Kulturabteilung« weit zurück. Thirka, ein junger Sherpa und der nimmermüde Hans Kammerlander kamen Ulrike, Luis und mir hilfreich entgegen. Sie brachten Tee. Noch vor Einbruch der Dunkelheit kamen wir ins Lager, wo sich die Gruppe drei Wochen lang akklimatisieren sollte. Bulle, durch seine Aufgabe hier zum exklusivsten Hausarzt der Welt geworden, erklärte anderntag die physiologischen Vorgänge der Höhenanpassung und die Gefahren der Höhenkrankheit. Ein halbes Jahr zuvor war er selbst ein Opfer jener Tücken geworden. Nur wie durch ein Wunder war er gerettet worden. Es war während jener tragischen Expedition zum Cho Oyu gewesen, bei der Reinhard Karl von einer Eislawine erschlagen worden war.

Hans Kammerlander

»Reinhold hat sich Hans genommen. Sie klettern voraus. Hans hat die Eiger-Nordwand gemacht, er hat den besseren Ruf, das bessere Image. Es hat mich nicht überrascht.«
Hans Peter Eisendle

»Morgen beginnen sie mit der Besteigung. Es geht ruhig und gelassen zu, eine Menge Witze werden gemacht, unterschwellig tut sich aber doch einiges, und auch wir Nichtbergsteiger sind davon stark berührt.«
Ulrike Stecher

Luis Stefan Stecher und seine Frau Ulrike

»Wie Packpapier raschelt unser Zelt, wenn der Wind durchfährt. Die ganze Nacht Sturm. Wie schrecklich muß es erst da oben wehen, wo Reinhold und Hans sind.«
Ulrike Stecher

Es schneite. Reiskorngroße Schneegraupel rieselten hörbar aufs Zeltdach. Mehrmals in der Nacht mußten wir die schneeschweren Zeltplanen durchschütteln, um sie zu entlasten. Doch die Schneefälle dauerten nicht lange. Nach wenigen Tagen schmolz der Winter von den Sonnenhängen, nur die Gletscherzungen des Cho Oyu, der drohend in der Ferne sichtbar war, blieben kalt wie der Nordpol.

Die Besteigung des 6000 Meter hohen Island-Peaks förderte offensichtlich die Moral in der Klettermannschaft. In Kathmandu waren mir die sieben Bergsteiger wie nervöse Rennpferde erschienen, die auf den Start warteten. Nun waren sie ruhiger. Mit ihren Sturmhauben erinnerten sie mich an Falken, die den Wind noch nicht so recht im Gefieder spürten. Manchmal glaubte ich, Angst in ihren Gesichtern zu entdecken, jene Angst, die sie von zuhause mitgenommen hatten und von der sie nun die große Wand befreien sollte.

Nach knapp drei Wochen stiegen wir auf zu den heiligen Seen von Gokyo und weiter bis an den Fuß der »Göttin des Türkis«. So übersetzen die Sherpa den Namen des Cho Oyu. Eine Yakkarawane und zwei Dutzend Träger begleiteten uns bis zum Basislager.

Am 1. Dezember ging Reinhold mit den ersten Seilschaften in die Wand. Für mich, der ich keine Stunde Leben in diesem Inferno von Lawinen und Spalten ertragen hätte, war der Aufbruch wie ein Ritual. Das Warten mit dem Fernglas in der Hand wurde zum seelischen Stress ohnegleichen. Welcher vernünftige Mensch ist bereit, in Schnee und Eis seine Zelte aufzuschlagen, in eine 3000 Meter hohe Wand zu steigen, die von stürzenden Eisbrocken bedroht wird, die so groß wie Klaviere sind?

Sollte das das Aufgehen in der Natur sein, der schwere Weg der Selbstfindung? Ich wußte es nicht. Eines wurde mir bald klar: Mein verdrehter Alltag war umgekrempelt, seit er in blaue Container verpackt in eine gefährliche Welt geschleudert worden war. Die Uhr tickte nicht mehr für chaotische Startschüsse zum wilden Konsum, sie füllte leere Räume zwischen meiner Vergangenheit, Gegenwart und Zukunft. Die Welt in mir war wie meine Zeit.

Durch das Fernglas konnte ich den Einsturz eines Séracs beobachten. Die Eislawine verursachte ein furchtbares Tosen und Krachen. Paul und der Sherpa Nawang wären beinahe erschlagen worden, erfuhren wir später.

Ist es Ehrgeiz und Geltungsdrang, dachte ich da, was Menschen so weit treibt? Im gleichen Augenblick setzte ein Rabe vor unserem Zelt auf. Er hatte uns bis in diese Welt begleitet, wo das Leben hart und gefährlich ist. Den alten, weisen Raben aber konnte ich nicht fragen, warum er die Niederungen verlassen und in die grimmige Winterkälte des hohen Himalaja gezogen war. Mit einem Male wurde mir bewußt, daß die Triebfeder für unser eigenes Hiersein tiefer liegen mußte als es das risikogeladene Schlagwort »Bergsteigen« ausdrücken kann.

Eine Himalaja-Expedition fängt dort an, wo jeder Hochleistungstreck endet. Die Berge beginnen hier, wo sie in den Alpen aufhören. Mehr noch als in den Alpen muß man die Größenordnung hier mit den Beinen und Lungen ausmessen, um etwas zu erfassen. Wie gerne hätte ich den schwarzen Raben gefragt, warum er da war und warum wir. Seine Antwort blieb ein freudiges Krächzen, als ich ihm einen Happen Speck zuwarf.

Die Bergsteiger kletterten, aber auch ich, Luis und die Frauen, mit denen ich über Monate in Eis, Schnee und dünner Luft lebte, wollten etwas erfahren. Erfahrung hat mit Fahren zu tun, und wir waren auf einer großen Bergfahrt. So groß wie der Berg war auch das sichtbar gewordene Unbewußte.

Es ging uns wie dem Raben. Wir suchten eine Welt, die besser war als die, in der wir sonst lebten. Das Suchen, sich Vortasten, gehörte zu dieser anderen Welt. Ihr Wert war nicht im Wahrscheinlichen vor der Haustür zu finden, er lag im unbequemen Unwahrscheinlichen. Ich verstand, warum Reinhold immer gegen träge Anpassung war, warum er im Versuch, das nahezu Unmögliche zu wagen, gewachsen ist.

Bergsteigen befriedigt den Drang, immer weiter zu forschen, der dem Leben selbst innewohnt. Es ist ein permanenter menschlicher Versuch. Das anonyme Risiko, das im Leben steckt, bekommt hier ein Gesicht, einen Namen, der Tod wird greifbar. Jeder Versuch allerding kann auch Irrtum werden, ein Fehler, der das Leben kostet.

Das Leben in diesen Grenzzuständen, körperlich und seelisch, kann nicht wie das Einmaleins gelernt werden. In kritischen Situationen am Berg nimmt eine unendliche Vielfalt von Erfahrungen Gestalt an. Blitzschnell werden sie zur Erwartung, die Verhaltensweisen bestimmt. Eine extreme Bergfahrt ist nicht zuletzt Be-

Paul Hanny

»Paul nimmt täglich ein Bad am See, Jul spielt dabei den Bademeister; das Ritual ist perfekt: mit Handtuch, Seife und Schüssel ziehen sie aus, das Loch im Eis muß stets von neuem ausgehauen werden. Wasser wird in die Schüssel geschöpft und dann beginnen die Waschungen, Jul hält das Handtuch.«

Ulrike Stecher

Auf dem Weg ins Lager 1

wegung gewordener Geist, sichtbar gemachte Überschreitung in Richtung Freiheit. Freiheit wiederum bedeutet jene »bessere Welt«, die wir, seit es Leben gibt, nur durch Verzicht auf Sicherheiten um uns aufbauen können.

Plötzlich wurde ich aus meinem Gedankenfluß gerissen. Ulrike las im Kosmogral – wie wir unser Gemeinschaftszelt scherzhaft nach einer Idee des Architekten Holzmeister nannten – aus ihrem Tagebuch vor:

»Nachmittags, halb drei, noch Sonne und draußen grellweißes Schneelicht. Ganz still sind wir hier im Zelt. Anna schreibt, Uschi schreibt, Luis schreibt, ich schreibe, und Voytek liest, auch teilweise schreibend, Vokabeln übersetzend. Jul war auf der Anhöhe und wird uns berichten. Wir sind ganz friedlich. In einem langen Gespräch haben wir uns angenähert, ohne Aggressionen sind die Reden von einem zum anderen geflossen, versiegelte Flaschenpost ist angekommen. Von der Ich-Findung in der Natur war die Rede – Voytek hat einen diesbezüglichen Satz in Reinholds Buch ›Mein Weg‹ gefunden –, vom stillen Gesetz, vom Sich-eingebettet-fühlen zwischen Himmel und Erde –, ›als flöge sie nach Haus‹ – vom Ausspannen der Seelenflügel, von Freundschaft und Vertrauen – sich öffnen, das gehälftete Herz, die Herzkammern darbieten und die Angst davor, man spuckt dir hinein, sagt Luis –, von der Freiheit und dem Freiraum, von dem Uschi sagt, daß sie nicht leben kann ohne ihn, man kann einen Menschen eben nicht vierundzwanzig Stunden am Tag besitzen. Und Luis fragt mich, wieviel Freiraum er eigentlich brauche, er habe noch gar nicht darüber nachgedacht. Ich schon, entweder soll ich händchenhaltend die ganze Zeit bei ihm und mit ihm sein, ganz und gar, oder er ist weit weg, und da kann er sich auch zeitweilig vorstellen, daß er uns, die Kinder und mich, vergessen könnte. Darüber bin ich nicht böse, ich kann das gut verstehen. Aber er ist jedesmal zurückgekommen, wie einer aus dem Morgenland, weiser und reicher, und hat mir die Welt um den Hals gehängt. Es ist die alte Geschichte von der rechten ›maze‹, die man finden muß zwischen der ›aventiure‹ und der ›minne‹.«

Grundfragen des Lebens bildeten einen Großteil des alpinen Philosophierens im Basislager. Die Gespräche wurden von Woche zu Woche angeregter. Jeder, der aus der Wand kam, brachte neben spannenden Erlebnisberichten auch Denkanstöße mit. Es war ein ständiges Abwechseln der Seilschaften, die sich immer weiter nach oben schoben. Immer weiter nach innen zielten die Gespräche im sturmgepeitschten Zelt.

Oft saß ich stundenlang mit dem Fernglas auf der großen Moräne und sah den Kletterern zu. Wie kleine schwarze Punkte krabbelten sie die Eiswand hinauf. Ich bangte um diese Punkte. Die Tücken, die im Detail saßen, konnte ich von unten nur ahnen. Die Bergsteiger aber kamen stets heil zurück, müde, oft auch erschöpft und der eine oder andere moralisch angeknackst.

Es war meist Reinhold, der die Lage neu besprach, Skizzen und neue Taktiken entwarf. Dem »verdammten Pfeiler« zwischen 7000 und 7500 Meter mußte beizukommen sein. Mit charismatischer Autorität, niemals mit autoritären Gebärden, verstand er es, Zweifel auszuräumen, und ohne jeglichen Druck die Gemüter neu zu motivieren, egal ob die der Sahibs oder der Sherpa.

Ang Dorje war nachts ein Dämon erschienen. Er hat lange mit ihm gerungen. Schließlich konnte er ihn besiegen und vertreiben. Die Aufregung war groß.

Reinhold ging auf die Glaubensvorstellungen der Sherpa ein, auf ihre Probleme, auf ihre Ängste und Vorschläge. Oft saß er mit den Hochträgern im Küchenzelt und wärmte sich am Yakmistfeuer die Füße. Er redete stundenlang mit ihnen über unsere und andere Expeditionen, über gemeinsame Abenteuer und über ihre Familien. Die Sherpa lebten mit uns, sie identifizierten sich mit unseren Erfolgen und Rückschlägen. Jedesmal, wenn eine Seilschaft morgens aufbrach, um in die Wand zu steigen, wurde ein Feuer aus Rhododendrongeäst angezündet und Reis geopfert.

Als die Spitzengruppe kurz unter dem Gipfel im tiefen Schnee steckenblieb und aufgeben mußte, schien die Enttäuschung der Sherpa größer als die der Sahibs. Nur der Umstand, daß alle noch am Leben waren, konnte über die peinliche Situation hinweghelfen.

In einer langen Diskussion wurde über Funk gemeinsam beschlossen, die Expedition abzubrechen. Jeder kam zu Wort. Auch die Sherpa sahen den weisen Entschluß ein. Zurück! In wenigen Sätzen organisierte Reinhold von oben den Rückmarsch. Yaks bestellen, Träger abrufen, wiederverwendbares Material ordnen und verpacken, alles zum Abbruch der Zelte vorbereiten. Zum Grübeln blieb uns keine Zeit.

»Ich hätte trotzdem weitersteigen sollen. Das bißchen Übelkeit hätte schon aufgehört und wenn nicht, dann eben mit ihm. Jetzt, hier im Basislager die Unzufriedenheit, der unbändige Druck, wieder hinaufzusteigen.«
Hans Peter Eisendle

»Am meisten tut mir leid, daß Peter nicht an die Grenze seiner Leistungsfähigkeit gehen konnte. Ich bin Bergsteigerin . . .«
Anna Hecher

Hans Peter Eisendle und sein Freund Ivan, der ihn im Basislager besucht hat, beim Funken nach dem Scheitern der Expedition

Wir im Basislager hatten uns das Scheitern für die Bergsteiger als Tragödie vorgestellt. Nichts dergleichen war zu spüren.
In diesen Tagen kam Vanessa, Bulles Frau, ins Basislager. Zwei Träger schleppten ihre Habseligkeiten. Sie hatte aus Zürich alle Herrlichkeiten dieser Welt mitgebracht: Gänseleberpastete mit Trüffeln, allerfeinsten Balik-Lachs, Weihnachtsplätzchen. Sie holte Nicht-mehr-Gewohntes, nein, Unvorstellbares aus den Körben der Träger.
Friedl hatte in seinem Schlafsack Bier versteckt. Das rauschende Fest im Kosmogral dauerte bis in den späten Abend. Bei üppig flackernden Kerzen wurden Liedertexte improvisiert, für jeden Teilnehmer ein eigener Song erfunden. Übermut und Witz sprudelten aus der Runde. Kein Hauch von Verbitterung lag in der Luft. »Take it easy« war hier keine leere Phrase, menschlich war diese Expedition ein Erfolg. Überhaupt keine Frage.
Die Zelte wurden abgebrochen und jeder war frei, die drei Tagemärsche vom Basislager nach Lukla zu gestalten wie er wollte. Drei Tage lang trieb ich mit Reinhold talwärts, von Sherpadorf zu Sherpadorf, von Haus zu Haus. In Solu Khumbu ist Reinhold längst zum lebenden Mythos geworden. Jeder kennt ihn, jeder bittet ihn in seine Hütte, jeder will ein Glas Rakshi oder Tschang mit ihm trinken. »Namasdé, Namasdé«, tönte es allerorts, und wir kamen aus unserem angeheiterten Zustand nicht mehr heraus. Ab und zu hängte man uns Katas, weiße Glücksschleifen, um den Hals.
Ein paar Stunden vor Lukla kamen uns Reiter entgegen. Sie erinnerten mich an Dschingis Khan und seine Mannen. Sie setzten Reinhold auf eines ihrer Pferde und begleiteten ihn bis zur Landepiste in Lukla. Hoch zu Roß, obwohl gescheitert, kam er dort an, wo unsere Expedition begonnen hatte. In diesem Augenblick wußte ich, daß dieser Mann den Cho Oyu eines Tages doch noch besteigen würde.
Wir feierten Weihnachten, denn es war Heiliger Abend. Ich zauberte dreizehn rote Kerzen aus meinem Rucksack und klebte sie im Hotel auf ein Tischchen unter ein Buddhabildnis.
Während die Maschine anderntags in den Dunst der Täler eintauchte, warf ich einen Blick zurück zu den gleißenden Gipfeln des Himalaja. Unwillkürlich mußte ich an den alten Raben denken, der sicher noch da oben vor sich hinkrächzte.

Gebetsmühle in Kathmandu

Die Anfänge der Bergmalerei

»Siebenschläfer und Schweine sind alle, die nichts von der Schönheit der Alpen begreifen« ereifert sich 1541 der Naturalist Conrad Gessner und noch 1841 setzt Delécluze diesen Worten eine erbitterte Antwort entgegen: »Die Alpen sind nicht malerisch, sie sind mörderisch«. Während sich die Gelehrten jahrhundertelang über die Betrachtung der Berge streiten, haben die Maler längst von ihnen Besitz ergriffen. Um die Geschichte der Bergmalerei nachzuvollziehen, müssen wir uns zuerst dorthin begeben, wo die höchsten Gebirge der Welt stehen, nach Asien.

Schon im 8. Jahrhundert setzen sich die Maler Chinas mit den Bergen auseinander: Berge als Inbegriff poetischer Schönheit, als Symbol der Größe, als Gegenstand meditativer Betrachtung, als Teil des göttlichen Kosmos. Auf den Rollenbildern des Lin Siu Sen sehen wir bezeichnenderweise kleine Menschen, die sich großen Bergen zuwenden. Der Berg steht im Vordergrund.

Im Gegensatz dazu stehen die ersten Berge, die wir aus der abendländischen Malerei kennen, stets im Hintergrund, vorne überdimensional groß der Mensch. Er betrachtet sie nicht wie bei den Chinesen, er wendet ihnen den Rücken zu. Die Berge sind Staffage, Felsstufen, Grotten.

Anfang des 13. Jahrhunderts bekommt die Natur durch die Lehren des Heiligen Franz von Assisi eine neue Bedeutung. Franz lehrt, ähnlich wie Buddha, die Ehrfurcht vor der Natur und so ist es Giotto, Franzens Zeitgenosse und Maler, der dieser Lehre in seinen Bildern Ausdruck gibt. Trotzdem, ein »sentimentales Gefühl« für die Berge gibt es noch nicht. Gefühlvolles Empfinden entsteht, als 1336, im Todesjahr Giottos, Petrarca den Mont Ventoux besteigt und darüber seine Eindrücke niederschreibt.

Erst in der Malerei des Quattrocento entwickeln sich Berg und Landschaft vom beliebten Beiwerk zur Möglichkeit, phantasievolle Gegenwelten zu lieblichen Heiligen zu zeigen.

In der deutschen Malerei dieser Zeit finden wir kaum aufregende Bergdarstellungen. Bis auf eine grandiose Ausnahme: Matthias Grünewalds Darstellung eines Vulkans hinter dem Kopf Mariens auf dem Isenheimer Altar (ca. 1512–1516).

Häufig liest man, der Deutsche Conrad Witz sei es gewesen, der 1444 auf seinem »Wunderbaren Fischzug« die ersten Berge gemalt hat. Wahr ist, daß Witz für den Bischof von Genf zum erstenmal eine örtlich genau bestimmbare Landschaft dargestellt hat, nämlich den Genfer See und die Berge von Hochsavoyen.

1500 besteigt Leonardo da Vinci den Monte Bô im Glauben, es handle sich um den Monte Rosa. Dabei meint er, ein Gefäßsystem im Berg zu erkennen, das Wasser aus der Tiefe nach oben saugt, um es »von den höchsten Höhen aus« über die Hänge hinabrieseln zu lassen. Wir finden diese »Erkenntnis« als blauschäumende Vision hinter dem Lächeln der Gioconda.

Darstellung der Dhaulagiri-Gruppe von J. Hulley, London, 1817

»Ich sehne mich nach den Bergen und versuche, zu überleben bis ich wieder unterwegs sein kann.«
Voytek Kurtyka

Berglandschaft von Lin Siu-Sen

»Sisyphos oder der unmögliche Aufstieg«. Gemälde von Luis Stefan Stecher, das Reinhold Messner anregte, den Maler zu seiner Cho-Oyu-Expedition einzuladen.

STECHER

Namasdé

Kapa Thupten Lama

»Wir Frauen, Dichter und andere der Erde Verhaftete aus Fleisch und Blut betrachten das Spektakel von unten, halten bei jeder Sturmbö erschreckt unsere Zelte fest und vertreten uns verschämt die Beine, weil wir noch keine Masochisten geworden sind.«
Uschi Demeter

Vorhergehende Doppelseite: »Nacht über den Achttausendern«, Ölgemälde von Luis Stefan Stecher

Der Maler Thupten Lama aus Nepal

»Holzträger im Basislager am Kangchendzönga«, Aquarell von Thupten Lama

»Der Aufstieg zum Gipfel«, Aquarell von Thupten Lama

Thupten Lama beim Gebetszeremoniell am Fuße des Kangchendzönga

»Vor dem Aufbruch studieren wir die Wand, die tief religiösen Sherpa beschwören in einem Gebetsritual die ›Fünf Schatzkammern des Schnees‹, wie sie den Kangchendzönga nennen, diesen heiligen Berg an der Grenze zwischen Nepal und Indien.«
Reinhold Messner

»Nach meinem Achtausender-Hattrick soll die Winterbesteigung des Cho Oyu im Himalaja der Höhepunkt meines Expeditionsjahres 1982 werden. Ich habe eine barocke Expedition zusammengestellt. Neben vier Spitzenbergsteigern kommen drei Frauen und zwei Künstler mit.«

Reinhold Messner

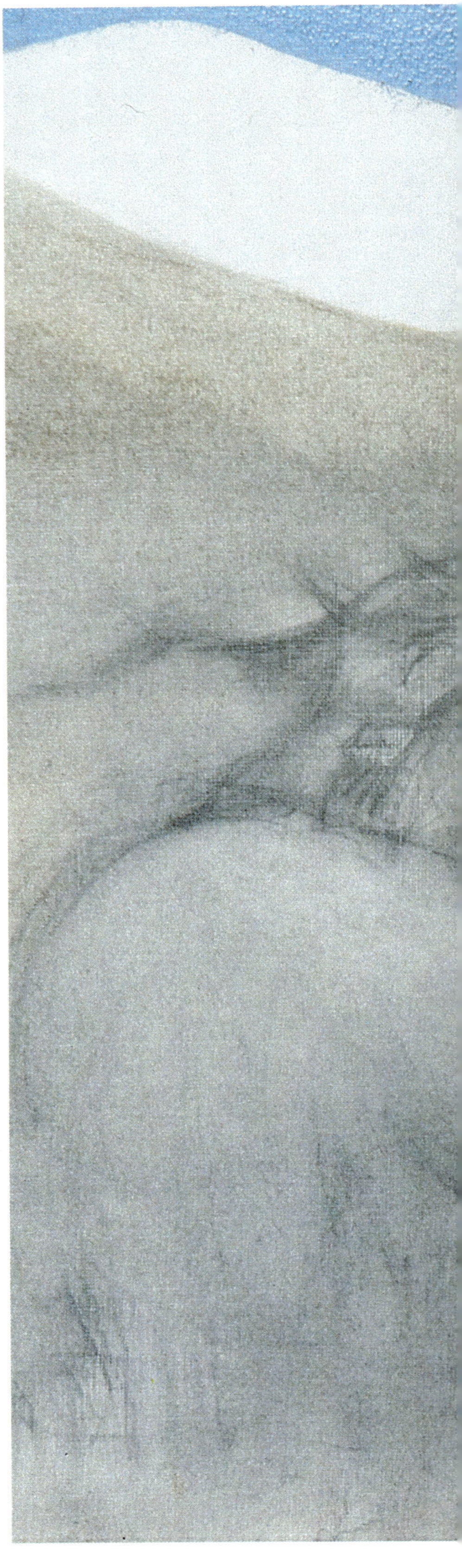

Kapa Luis

Luis Stefan Stecher, von den Einheimischen Kapa Luis genannt, auf dem Weg zum Cho Oyu
Alle in diesem Kapitel folgenden Gemälde entstanden bei dieser Expedition:
»Ama Dablam«

»Yaks in Gokyo«

»Contenance, Madame, wir sind keine Extrembergsteiger und wollen es auch nicht werden.«

Luis Stefan Stecher

»Der Weg zum Berg ist nicht nur ein Weg zu einem Gipfel, sondern vor allem ein Weg zu den anderen.«

Anna Hecher

»Ich muß wieder fort. Es ist nichts mehr von hellen Schneefeldern und braunen Hügeln in mir geblieben.«

Voytek Kurtyka

»Ist Winterbergsteigen nicht der absolute Wahnsinn? Könnte ich je einen solchen Unfug mitmachen?«

Oswald Oelz

FERRINO

Die Dhole-Alm

»Das war heut' was in der Nacht. Da stürzten und stürzten mir die Tränen herunter, ich konnte mich gar nicht mehr beruhigen. Angefangen hat es damit, daß ich mich fragte, warum ich eigentlich die Cassette mit den Mazurkas von Chopin mitgenommen habe. Und da sah ich ganz plötzlich meine Mutter vor mir, wie sie im Licht des Nachmittags am Klavier saß. Da gab es eine Stelle, bei den Mazurkas, die war sehr schwierig und sie ließ nicht locker, sie in den Griff zu bekommen.«

Ulrike Stecher

»Früher oder später
tickt dir der Himalaja aus dem Hemd.
Fünftausend Höhenmeter
erheben zwar noch kein Camp

aus dem Normalmoder
in jenes Quentchen Übergangsrot;
aber es verschiebt sich etwas
aus einem Leben oder –
in ein Leben und – Tod.

Rauch und Raben
steigen aus dem Bildbericht
und schwimmen sich frei,

Sein und Haben,
besoffen von Segantinilicht,
tropfen von der Staffelei.«

Luis Stefan Stecher

Luis Stefan Stecher bei der Arbeit in Dhole
»Das New Dhole-Hotel auf 4000 Meter«

Jul Bruno Laner

»Der Cho Oyu im Winter«

»Sie bestimmt den Tagesablauf, unser Tun. Sie bestimmt alles. Die Gespräche der Männer drehen sich um sie, und die Gedanken der Frauen. Abends legt sie sich mit uns in den Schlafsack. Manchmal nennen die Männer sie eine ›verdammte Hure‹, doch meist lassen sie alles liegen und stehen, um zu ihr zu eilen. Sie ist nicht einmal schön. Nein, wir alle wissen, daß sie kalt, grausam und vor allem gefährlich ist. Sie – das ist die Südwand des Cho Oyu.«

Uschi Demeter

Die Nichtbergsteiger

»Luis geht nervös um den Kosmogral und krault sich hektisch den Bart. Er sei zwar in den Bergen aufgewachsen, aber er sei kein Bergmaler, faucht er. Luis hat Geburtswehen.«
Jul Bruno Laner

»Ich tu lieber spazieren sitzen als spazieren gehn. Trotzdem hat mich Reinhold zum Cho Oyu eingeladen.«
Luis Stefan Stecher

»Die Männer haben ein großes, schönes Ziel. Alles, was sie tun, ist wichtig. Ich fühl' mich zum Dabeisein für längere Zeit verurteilt.«
Anna Hecher

»Gesetzt den Fall,
es ging die ganze Welt
durch eine Karabineröse,
und niemand wüßt so recht,
wie lang der Karabiner hält,
und niemand ahnt so recht,
wie jede parallele Größe,
unendlich groß,
im freien Fall
zusammenfällt.

Vielleicht im Zufall
ohne Regel,
vielleicht im Regelmaß
der Regelgültigkeit.
Für alle Fälle, eine Karabineröse
kennt nur die Dauer
ihrer Eisenzeit.

Doch Dauer ist nicht nur
die Zeit der Härte.
Wie sagten doch
die lächelnden Chinesen:
auf Dauer waren doch die weichen
Werte noch immer härter
als das Härteste gewesen.«
Luis Stefan Stecher

Malen und Schreiben im Basislager: oft war es zu kalt, um den Pinsel zu halten, mehrmals hat der Wind die Leinwand zerfetzt. Das Trocknen der Bilder dauerte wochenlang.

Skizzen

»Wie lange die Nacht heut' war, und wie selbstverständlich es am Tage ist, hier zu sein – fraglos. Die Sonne, der Schnee schmelzend wie bei uns im Vorfrühling, weicher Almboden unter den Füßen, rhododendronumstanden.«
Ulrike Stecher

»Großer Berg
im Tibetwind,
Stein, aus dem
Altäre sind,

wird zu Sand,
wie alles rinnt,
wie alles fließt,
was alt beginnt,

was neu vergeht
im Tibetwind
ist, was ich bin,
sind, was wir sind.«
Luis Stefan Stecher

»Der Dudh-Kosi-Fluß mit Cho Oyu«
Der Expeditionshund Chang bewacht die Leinwand
Kapa Luis und Kapa Jul. Bei den Sherpa heißen alle Künstler Kapa

Mythen

»Der Yeti, der sogenannte Schneemensch, ist ein Fabeltier. Kein Mensch hat ihn je fotografiert, doch die Sherpa glauben fest an ihn und dulden keine Scherze. Ang Dorje behauptet felsenfest, einen Yeti gesehen zu haben. Wenn er davon erzählt, beginnt er zu schreien.«

Jul Bruno Laner

»O mani padme hum«

»Nacht-Yeti«

»Gesar reitet nach Tibet«

»Panorama vom Basislager aus«

Das große Panorama

»Der Everest, der äußerste Punkt der Welt, scheint hier nahe. Manchmal habe ich das Gefühl, ganz oben auf der Erde zu sitzen, schon fast im Kosmos zu sein.«

Anna Hecher

»Obwohl immer wieder nächtliche Sturmböen die Leinwand mit sich reißen, entsteht auf dem löchrigen Stoff ein Panorama mit den höchsten Bergen der Welt.«

Jul Bruno Laner

»Reinhold, glaube ich, ist froh, wieder etwas tun zu können. Die zwei Tage über, die er im Basislager ist, kann er keine Ruhe geben. Er ist dauernd unterwegs: überprüft die Yaklasten, die ankommen; bestellt neue Lebensmittel; schaut nach den Zelten; läßt Wasserabflüsse und Wegsteine legen; baut für Luis prompt und nach Wunsch ein windsicheres Gestell, um eine Leinwand für ein drei Meter langes Bild aufzuspannen.«

Ulrike Stecher

Arbeit am großen Panorama

»Cho Oyu von der Moräne aus«

Das Basislager mit der großen Leinwand

Träume und Ängste

»Als sie kamen, waren ihre Gesichter grau, Bulles schwarze Augen lagen tief in den Höhlen, über Voyteks Backenknochen spannte sich hart die Haut. Peter ist der jüngste, aber er sah auch mitgenommen aus.«

Ulrike Stecher

»In der letzten Nacht im Lager II standen auf einmal zwei kleine Cho-Oyu-Götter am Zelteingang, von Kopf bis Fuß so grün wie der Türkis, den ich am Hals trage. Türkisgrün und ganz und gar unbekleidet.
›Komm heraus!‹, riefen die Götter. Und weil sie noch keine erwachsenen Götter, sondern ungezogene Buben waren, versuchte ich, einen von ihnen am Arm zu packen. Als ich ihn aber berührte, lösten sich beide Götterknaben in Luft auf. Durch meinen Körper zuckte ein glühend heißer Strahl.
Als ich mich wieder in den Schlafsack legte, rann mir noch stundenlang der Schweiß aus allen Poren.«

Ang Dorje

»Die absturzbereiten Eisbalkone über uns sorgen für die nötige Adrenalin-Ausschüttung. Stoff für die Süchtigen.«

Oswald Oelz

»Ich beneide die Männer um das Unterwegssein, in dem sie sich spüren können, für sich sein können. Doch wird der Neid schon kleiner, wenn ich an die Gefahren denke. Seit ich unweit von ihrem Weg eine Lawine abgehen sah, kann ich ihnen gar nicht mehr zuschau'n.«

Anna Hecher

»Die Vision des Ang Dorje« »Die Todesahnung des Sherpa«

Bild und Berg

»So habe ich versucht, redlich zu registrieren, was sich meinen Sinnen als Erlebnis geboten hat.«

Luis Stefan Stecher

»Angst vor der Schule. Gedrillt zum täglichen Versagen. Einmaleins, Subjekt und Prädikat zum Quadrat, rechts Vorfahrt geben, rechts natürlich, Ignorantia non excusat . . . hat mich früh schon in die Wälder getrieben. War ich ich, wurde ich sofort in die Ecke gestellt. Auszählen, eins, zwei, drei, aus! Flucht in die Berge, für Stunden am Sonntag. Ich brauche Freiraum und die Sehnsucht nach den weißen Wolken dort oben.«

Hans Peter Eisendle

»Der ›Bulle-Peak‹ «

Unbenannter Siebentausender, den wir »Bulle-Peak« tauften

Formen

»Ich habe wie die alten Expeditionszeichner arbeiten müssen. Ich habe mich umgestellt – den Spielraum vom Surrealismus zum Realismus ausgenützt, ohne mich dem Naturalismus verschreiben zu wollen.«

Luis Stefan Stecher

Schneeblume auf dem Eis
»Vergletscherte Hochebene«

»Ich habe bisher so wenig geschrieben. In der Nacht, wenn die Gedanken zu Formen werden und die Bilder stark sind, graust es mich, die Hände aus dem Schlafsack zu strecken, die Kerze anzuzünden. Dabei wäre es die gesammelte Konzentration, das vollkommene Alleinsein unter den atmenden Menschen. Am Morgen ist alles weg.« *Ulrike Stecher*

Eisformationen auf dem Cho-Oyu-Gletscher
Einschlüsse im Fels

Die barocke Expedition

»Morgenfunk. Wortfetzen von Gefahr, Gefahr, Gefahr . . . Sie scheinen ganz scharf drauf zu sein, ihr Leben zu riskieren.«

Ulrike Stecher

Mit Rousseau und den Gedanken der Romantik bekommen die Berge endgültig die Bedeutung, die Petrarca hatte anklingen lassen. Die Auseinandersetzung mit der Natur und den Naturgewalten schlägt sich in der Malerei nieder.
Man beginnt zu reisen, die Berge zu besteigen. Man braucht Chronisten. Edward Whymper, ein englischer Lithograph und Bergsteiger – zum erstenmal gibt es diesen Begriff – erzählt die Bezwingung des Matterhorns auf Stichen. Die bayrischen Brüder Schlagintweit halten ihre abenteuerlichen Reisen (die größte fand 1854 bis 1857 statt) im Geiste Humboldts akribisch genau auf Zeichnungen und Bildern fest. Sie verbinden dabei romantischen Charme mit wissenschaftlichem Wert.

Vittorio Sella

Gaurisankar nach Messung und Zeichnung von Hermann Schlagintweit (1855)
Die Brüder Schlagintweit

»Eisbruch«

Sella-Bild: Baltoro-Gletscher

In dieser Zeit tauchen die ersten Fotografen auf. Der italienische Bankier Vittorio Sella zieht um die Jahrhundertwende mit riesigen Kameras in den Karakorum und zum Kangchendzönga. Er bringt einmalige Dokumente und poetische Stimmungsbilder mit nach Hause.
Zur gleichen Zeit malt Cézanne den Mont Saint Victoire in der Provence. Hodler, Vallotton und später Braque setzen sich mit den Bergen auseinander, während Segantini von den realistischen Schilderungen der Hochgebirgstäler im Engadin zum Symbolismus überwechselt.
Der letzte akribische Bergmaler, auf dessen Bildern man mühelos Routen einzeichnen könnte, ist E. T. Compton. Dann tritt die Fotografie endgültig in den Vordergrund und ersetzt die Malerei. Der Siegeszug der Farbreportagen setzt ein.
1977, auf einer Reise zum Dhaulagiri, unterhalten Reinhold und ich uns über das langsame, bewußte »Schauen« und »Betrachten«, das das Zeichnen mit sich bringt und das durch die Fotografie verlorengeht. Auch hier führt der Apparat, die Maschine zum Kulturverlust. 1978 nimmt Reinhold den einheimischen Maler Kapa Gyaltsen als naiven Chronisten mit unverstelltem Blick mit zum Mount Everest; 40 Bilder entstehen. Seither begleiten ihn Maler auf vielen seiner Reisen.
Technisch gesehen ist die Bergmalerei heute bei Expeditionen ein Anachronismus. Gerade deswegen bietet sie eine faszinierende Spielmöglichkeit, einen im wahren Sinne beschaulichen Gegenpol zur Fotografie. Diese Aufgabe mit europäischen Augen wahrzunehmen, sollte bei der »barocken« Südtiroler Cho-Oyu-Expedition die Arbeit von Luis Stefan Stecher sein.

Ich habe einen schweren Rucksack gepackt. Ich werde Mühe damit haben.

Hans Peter Eisendle

»Für Peter ist die Eigenständigkeit überall und zu jeder Zeit wichtig. Sein Alptraum ist es, bei einem solchen Unternehmen nur Schachfigur zu sein. Seine Kindheitserfahrungen haben ihm in dieser Hinsicht jede Gelassenheit genommen.«
Anna Hecher

Hans Peter Eisendle

Ich steckte in einer Bergsteigerhose neuesten Modells, in zwei zu großen, geilroten Plastikschuhen und stolperte Richtung Einstieg. Das Riesending auf meinem Rücken zwang mich nach vorn. Homo erectus? Mein Gang ließ daran zweifeln. Ich war glücklich, überglücklich, in dieser wilden Landschaft unterwegs zu sein. Was für ein Durcheinander der Elemente! Ich kannte das nur aus Erzählungen und Berichten. Der endlose Toteisgletscher am Wandfuß war zerfurcht und zerhackt. Er sah aus wie die Miniatur einer Gebirgslandschaft, ein Gipsmodell: bizarre kleine Bergspitzen, unzählige Täler und Mulden, erstarrte Seen und Milliarden von Steinen. Wie ein Riese durchschritt ich diese große kleine Welt, spürte sie durch meine Sohlen und fühlte ihre Ruhe, die sich breitmachte in mir.

Wir folgten einigen Markierungsfähnchen einer koreanischen Expedition, die im Oktober den Ngosumpakang, einen Gratrücken östlich des Cho Oyu, bestiegen hatte. Die Spur endete plötzlich, am Fuße des gewaltigen Berges. Wir hockten uns auf Steine und berieten über die sicherste Aufstiegsroute. Da entdeckte Ang Phurba, einer unserer Hochträger, weiter oben ein Steinmännchen. Die Koreaner mußten also über den gewaltigen mittleren Hängegletscher zum Hochplateau am Wandfuß hinaufgestiegen sein.

Die Sonne stand schräg, es war gegen Mittag, als wir beschlossen, uns den zerrissenen Eisfall aus der Nähe anzuschauen. Wir fanden Reste von Fixseilen, Wäscheleinen ähnlich. Teils wehten sie im Wind, teils waren sie gefroren. Plötzlich belebte Spannung Reinholds Gesicht. Spontan beschloß er, mit Hans vorauszuklettern, um die alten Seile zu überprüfen; wo nötig, sie mit neuen zu ersetzen.

»Wir sichern den Weg mit fixen Seilen und steigen die haushohen Stufen eine nach der anderen empor.«
Reinhold Messner

Schreie kamen von oben, Seilkommandos. Es war die Aufregung, die in Reinhold den kleinen Buben wachrief. In all den Jahren hat er nichts von der Lust, von der Freude an seinem »verrückten Tun« verloren. Auch ich geriet irgendwie aus dem Häuschen. Ich hätte große Lust gehabt, vorauszuklettern, den Weg zu suchen; Lust, ins Eis zu hacken und zu steigen, wie in den Wasserfällen zu Hause. »Heute ist der erste Tag«, dachte ich, »die erste Stunde, die du am Fuß, an den Zehenspitzen eines Achttausenders stehst. Heute ist nicht dein Tag, aber der wird noch kommen!«

Der Rest der Welt, die übrigen Expeditionsteilnehmer und ich, verteilten die Lasten der beiden Vorsteiger unter uns. In einem engen Eiskamin kam ich mir mit meinem Rucksack vor wie ein Elefantenbaby. Tragriemen, Foto- und Filmausrüstung, ein Durcheinander von Seilen, Karabinern und Eisschrauben würgten meinen Körper. Zum Jammern war hier weder Platz noch Zeit. Fluchen nützte nichts. Ich bemühte mich, so schnell wie möglich über die teilweise senkrechten Eisabbrüche zu klettern. Wie eine gigantische Kaskade baute sich der Hängegletscher in Dutzenden von haushohen Stufen über uns auf. Unüberschaubar. An geschützteren Stellen fotografierte und filmte ich Kletterszenen. Wenn ich dazu meine Last abwarf, hatte ich das Gefühl, vom Boden abzuheben, zu schweben.

Ich war gerade dabei, Reinhold zu filmen, wie er sich ganz sachte an einer koreanischen Wäscheleine und dem Eispickel hochzog, als sich neben mir ein Eisbrocken, so groß wie eine Einkaufstasche, löste und hundert Meter tiefer zerbarst. Vor Schreck fuhr ich zusammen. Für Augenblicke war mein Genick starr, wie gelähmt. Dieses Spielchen wiederholte sich im Lauf der Zeit noch oft. So stumpfte ich dagegen ab, kümmerte mich kaum noch um solche Zwischenfälle. Am späten Nachmittag – wir hatten unser Tagesziel, das Plateau nicht erreicht – kehrten wir mit dem Bewußtsein ins Basislager zurück, anderntags dort oben Lager 1 zu errichten.

2. Dezember. Die Zeltwand knatterte. Hastiges Schlürfen am Kaffeenapf. Paul wartete draußen im Wind. Es sei wolkenlos, meinte er, und damit wollte er eigentlich sagen »Wie soll das nur mit euch weitergehen, Ihr faulen Säcke!« Etwas später gingen wir los, gemeinsam, im Gänsemarsch. Eine Messner-Expedition im Gänsemarsch! Ich versuchte, das komische an diesem Aufbruch zu filmen.

An der Moräne wirbelte Staub auf. Der Weg zum Einstieg war wieder ein höchst langweiliges Auf und Ab. Wie schwimmende rote Aale flatterten die Markierungsfähnchen im Wind. Sie täuschten Bewegung vor in dieser steinernen Einöde. Ein paar Schritte vor mir ging Ang Dorje. Den Kopf tief, die Last schwer, ein paar tastende Schritte. Von hinten sah das aus wie ein Rucksack auf Füßen. Für ihn war diese Expedition mehr als ein Knochenjob. Ang Dorje ist ehrgeizig, stolz und selbstbewußt. Er wollte auf den Gipfel – wie ich und die anderen.

Am Wandfuß murmelte er Gebete vor sich hin und warf Reis in die Luft. Mochten ihm die Götter, die für die weiter oben hängenden Séracs zuständig sind, erhören und gnädig sein!

Ich liebe diese Einstiegsatmosphäre: das Gefühl, einen spannenden Tag vor sich zu haben, die innere Aufregung, das Rauschen und Knistern im Eis, das ferne Krachen und Pfeifen. Wind, Lawinen, unsere Gespräche, alles vermengte sich zu einem einzigen Tonbild. Als säßen die Lamas von Tengpoche irgendwo am Berg und hielten in ihrem monotonen Gebetsgesang Zwiesprache mit den Göttern.

An den fixierten Seilen stiegen wir hinauf. Wir zogen uns über senkrechte Stufen, balancierten über schräge Rampen, zwängten uns durch blaugrüne Eiskamine, stapften über abgeblasene Firnflanken – immer höher hinauf. Vorbei am Umkehrpunkt des Vortages näherten wir uns dem riesigen Plateau, das sich wie eine Sprungschanze in 6200 Meter Höhe zur Gipfelwand hinzieht. Wie kleine, schleppende Ameisen an einer riesigen, weißen Marmortreppe muß unsere Kolonne von unten ausgesehen haben. Ich war voller Zuversicht. Nur die gefährliche Rinne, die auf beiden Seiten von Séracs besetzt war, eine Lawinenbahn, die wir queren mußten, jagte mir einen Schauer über den Rücken. Es war, als ob man vor einem Kanonenrohr spazierenginge, an dem die Lunte schon brannte. Friedl und ich versuchten, eine Umgehung zu finden.

Wir seilten uns eine Unendlichkeit weit in ein Spaltenlabyrinth ab, suchten nach Brücken, fixierten Seile. Der Wind pfiff so stark um Ecken und Kanten, daß ich das Gefühl hatte, im Inneren einer Orgel zu stecken. Die Brücken wurden

Am Beginn des Eisfalls

In einer Steilstufe des Eisfalls

»Voytek ist nervös, schon seit Tagen kann man das Unbehagen in ihm nicht mehr übersehen. Peter ist auch nicht glücklich hier im Basislager. Er ist sehr still geworden. Fühlt er sich auf verlorenem Posten, hat er resigniert?«

Anna Hecher

»Dieses Wegstück ist flach, klettertechnisch leicht, aber gefährlich. Lawinenbahnen und versteckte Gletscherspalten erfordern unsere ganze Aufmerksamkeit. Der Ausblick nach Süden ist großartig, hundert Himalaja-Gipfel auf einen Blick.«

Reinhold Messner

Mount Everest, Nuptse und Lhotse vom Cho Oyu aus gesehen

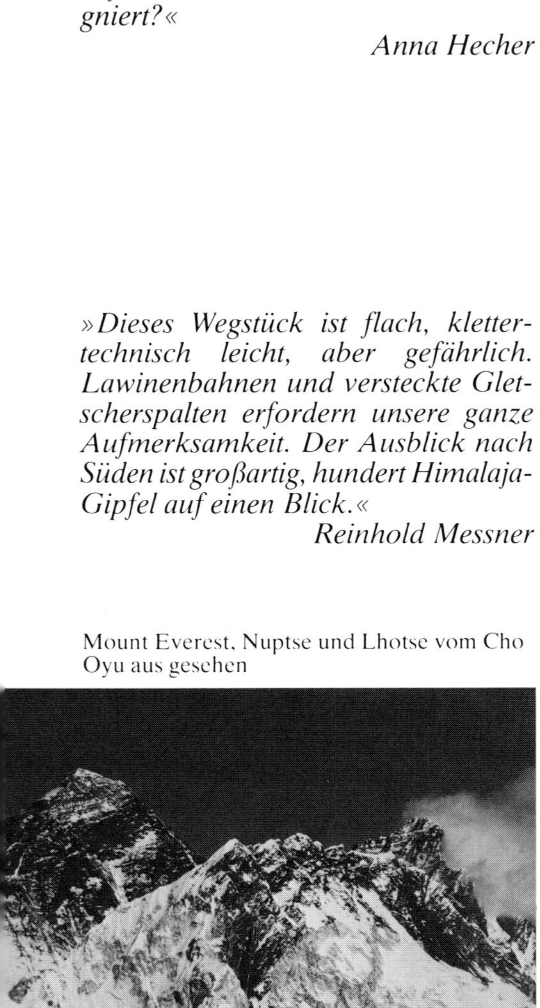

spärlich, die Rampen abschüssig, die Spalten schwarz und tief. Wir gaben auf und fanden uns mit der »Kanonenrohrvariante« ab. Jedesmal, wenn ich später an diese Querung kam, schloß ich kindlich eine Wette mit mir ab – oder mit dem Gott der Séracs: du hast eine Minute Zeit bis zur anderen Seite, sonst knallt's ... – Und es funktionierte.

Wenig unter dem großen Plateau fanden Reinhold und Hans eine schützende Spalte für das erste Hochlager. Sie blieben gleich dort. Am Tag darauf erkundeten sie das Plateau.

Halbwach genoß ich am nächsten Morgen in der weichen Schlafsackwelt des Basislagers das langsame Hellwerden. In der Kälte der Nacht war unser Atem zu wunderbaren Bildern an den Zeltwänden erstarrt. Träume aus Eiskristallen. Schon rüttelte sie der Wind, der verriet, daß die Sonne draußen die Luft aufwirbelte.

Heute war Ruhetag. Wohin mit meiner Kraft, mit meiner Lust zu klettern? Das kannte ich noch nicht, bei schönem Wetter am Fuß eines Berges zu sitzen und die weißen Wolken zu zählen. Es war nicht leicht, sich an das Planmäßige einer solchen Expedition zu gewöhnen, an dieses Schichtarbeiterdasein.

Mit Anna spazierte ich auf den Berg über unserem Zeltdorf. Durchs Fernglas beobachtete ich drei winzige dunkle Punkte, die sich schneckengleich über das drei Kilometer lange Plateau bewegten. Am Nachmittag waren sie am anderen Ende der weißen Ebene, dort, wo sich die Wand wieder steil aufbäumt. Darüber der Gipfelgrat des Cho Oyu, wo die Welt abbrach nach oben, wo nur noch weiße Schneefahnen aufstiegen.

Einen Tag später saßen Voytek und ich auf unseren Rucksäcken vor Lager 1. Die Sonne stand noch hoch und der Wind schüttelte heftig die schlaffen Zeltwände. Weit unten im Eisbruch sahen wir Dr. Oelz, den wir Bulle nannten, und drei Hochträger. »Freilich«, meinte Voy mit seinem sympathischen polnischen Akzent, »freilich sind wir heute viel zu früh da«. Reinhold und Hans waren über die Gletscherzunge ins Basislager abgestiegen.

Wir mußten Platz für ein weiteres Zelt schaffen und hackten eine Plattform aus dem Eis – ohne Höhen- und Gefahrenzulage – ein Scheißjob. In den warmen Dolomitenwänden war es jetzt auch Winter, lag auch Schnee, versuchte ich mich zu trösten und hackte beharrlich große Schollen aus dem Eis.

Eng beieinander lagen wir im Zelt. Ich kochte Tee und Suppe. Die Wände tanzten im kaltblauen Licht des Gaskochers. Bulle las, in seiner Linken eine Kerze, in der Rechten das aufgeschlagene Buch. Zur Spitzwegidylle fehlten nur noch die Zipfelmütze und der Regenschirm. Draußen war es Nacht. Dort bestand die Welt aus Sturm. Drinnen war es gemütlich. Das bißchen Licht, die beiden Freunde genügten im gemeinsamen Nest aus Schlafsäcken und Zeltplanen meinem Bedürfnis nach Geborgenheit.

Gnadenlos riß mich am nächsten Morgen das heftige Knattern des Zeltes aus den Träumen. Das Wetter war gut, der Wind hatte zugenommen. Später am Plateau traf er uns voll. Dabei hatte ich das Gefühl, samt Rucksack davongetragen zu werden. Ganze Eisstücke wirbelten durch die Luft. Schmerzhaft trafen sie mich im Gesicht. Hatten wir uns etwas zu sagen, mußten wir schreien. Das war nun eine der tausend Himalajaszenen, die meine Phantasie sich immer wieder ausgemalt hatte. Oft kamen wir nur kriechend vorwärts. Das Plateau erschien endlos. Ließ der Orkan etwas nach, lief ich ein paar Schritte. Die erste Bö warf mich dann wieder auf den Boden. Oder ich stand breitspurig, auf meine Skistöcke gestützt, vornübergebeugt und wartete. Voy und Bulle machten es genauso. Manchmal erschienen mir die beiden wie gespenstische, schwarze Schatten auf einem dahinrasenden, weißen Boden.

Am oberen Ende der Gletscherfläche endlich herrschte Windstille. Die Sonne brannte und ich verfluchte die vorher lebenswichtigen Daunenklamotten. Über uns hingen, in der Sonne glänzend, bedrohliche Séracs. Voy und Bulle schienen sich nicht darum zu kümmern. Die sind abgebrüht, dachte ich, die haben sich schon tausendmal solchen Fallbeilen ausgesetzt. Das gehört eben zum »Holiday on Ice«. Also vergiß die Gefahr!

Plötzlich das verdrängte erwartete Krachen, ein Rauschen. Die Lawine war kein Alptraum mehr. Wie ein Atompilz schoß die Staubwolke auf einer 60 Grad geneigten Rutschbahn direkt auf uns zu. Ich lief noch ein paar Schritte, bis mir der Atem versagte. Schon erfaßten mich Schatten. Zu spät, dachte ich, und warf mich hin. Ich zog noch den Rucksack über den Kopf, hielt mir die Hände vor Nase und Mund. Ich kam mir gänzlich verloren vor. Eiskalter Eisstaub bedeckte

»Die Stelle, wo Wolfi und Reinhard verschüttet wurden. Jetzt bin ich hier, der Kreis hat sich geschlossen. Weit über uns löst sich eine Eislawine. Peter sieht sie als erster, schreit. Die Lawine rast auf uns zu. Wir rennen. Sinnlose Gebärden. Dort, wo wir noch vor zwei Minuten waren, überrollen Eisbrocken unsere Spur.«

Oswald Oelz

Das große Plateau am Fuße der Gipfelwand des Cho Oyu

Stirn, Nacken, Rücken. Als das Krachen verebbte, hörte ich Schimpfen und Fluchen. Das waren Bulle und Voy, zwei Schneemänner, die sich wild schüttelten wie naßgewordene Pudel.

Das hätten wir also überstanden. Mit diesem Gefühl erlag ich der Illusion, daß uns nichts mehr passieren konnte. Als wären wir jetzt, ähnlich wie Siegfried nach dem Bad im Drachenblut, unverwundbar.

Eine halbe Stunde später waren wir 6600 Meter hoch. In einer großen Spalte, die mit ihrer riesigen Oberlippe Schutz versprach, stellten wir Lager 2 auf. Es gab weit und breit keinen besseren Platz. Beim Zeltaufbau merkte ich, wie ausgelaugt ich war. Ich hatte Hunger und Durst. Während wir im Zelt Tee kochten, stopfte ich gierig Speckstücke in mich hinein. Das war ein Fehler. Wir hatten viel zu wenig getrunken; die Höhe, die Anstrengung war uns auf den Magen geschlagen. Bulle kotzte ins Zelt.

»Das zweite Hochlager stellen wir unter eine überhängende Eismauer. So sind wir geschützt vor Eisschlag und Sturm.«

Reinhold Messner

Am Morgen war ich wie gerädert. Und über uns eine steile und gefährliche Wand. Zum Weitersteigen fehlte mir nicht nur die Lust, jetzt hätte mich jemand treiben müssen. Aber auch die beiden anderen waren fürs Absteigen. Hin- und hergerissen zwischen Hinaufwollen und einem lähmenden Schwächegefühl im Magen stapfte ich zurück. War ich ein Schwächling?

Zu meinem inneren Krieg kamen die versteckten Vorwürfe im Basislager, die ich mir beim Abstieg ausmalte. Sie trafen mich tief in der Seele: Heute war doch ideales Wetter um weiterzumachen. Eine Achttausender-Expedition ist kein Pfadfinderausflug, das wußtest du doch. Hier bist du nicht an der Marmolada- sondern an der Cho-Oyu-Südwand. Entweder du quälst dich da hinauf oder du fährst heim und steigst um auf Minigolf!

»Ich kann lange Zeit nicht einschlafen. Im Kerzenlicht sehe ich Peters schlafendes Gesicht. Es ist kummervoll, nicht entspannt. Einmal scheint er im Schlaf hochzuschrecken, ganz fest hält er meine Hand. Meine innere Unruhe wächst. Ob es richtig gewesen ist, ihn in diesem gefährlichen Tun zu bestärken? Ich habe ein schlechtes Gewissen. Hat der Wunsch, einen »großen Zampano« zum Freund zu haben, in mir überhand genommen?«

Anna Hecher

Diese Selbstzermürbung machte mich wütend. Mit einem Skistock schlug ich in den Boden und schaute mich dann verstohlen um, ob mich niemand gesehen hatte. Ich war allein mit meinem Elend.

Auf der Moräne vor dem Basislager wartete Anna. Ihr herzlicher Empfang löste vorerst den Krampf in mir. Anna, selbst eine erfahrene Kletterin, wußte um meine Nöte und mein Glück, sie kannte die Zwänge der Bergsteiger.

Anna studiert Psychologie und meinte, man könne alles irgendwie erklären. Getarnter Masochismus, zwanghafte Selbstsuche, Minderwertigkeitskomplexe. Ja, solche Begriffe genügten dem normalen, gesunden Menschen, um die Frage nach dem Warum des Bergsteigens zu beantworten. Anna schmunzelte übers ganze Gesicht.

Am Eispfeiler über 7000 m

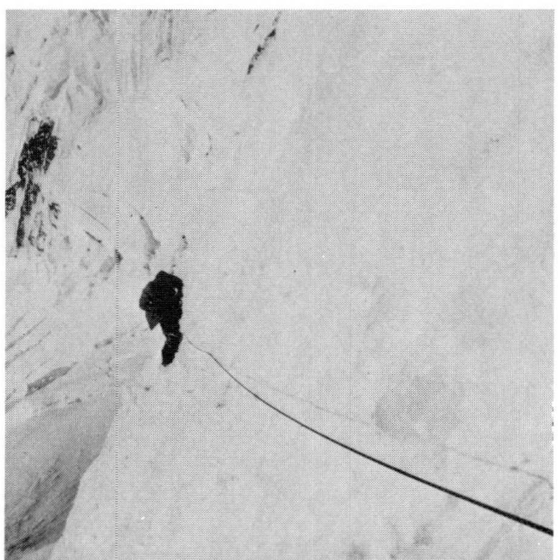

Ich steige doch nicht auf die Berge, um zu frieren, zu keuchen, zu erstarren vor Angst; zu hungern, zu kotzen vor Müdigkeit. Das nehme ich nur in Kauf, das sind die Steine auf dem Weg zum Glück. Nein, ich möchte nicht geheilt werden. Morgen steige ich wieder auf, und wenn ich auf allen Vieren krieche. Ich will auf diesen Achttausender!!!

Hans und Reinhold hatten inzwischen ganze Arbeit geleistet. Sie waren die Erfolgsseilschaft dieser Expedition. Ich wußte, daß ich klettern konnte. Jetzt war es an der Zeit, dies unter Beweis zu stellen, höchste Zeit! Ich mußte aufräumen mit dem Schwächling, mit dem Angsthasen in mir. Jetzt kam Tarzan!

Lager 2 in 6600 m Höhe

»Reinhold und Hans, die ich im Lager 2 treffe, meinen, Paul sei verrückt – was ich auch meine.«
Oswald Oelz

Voller Zuversicht stieg ich mit Voy hinauf zum Lager 2. Der steile Eispfeiler über der Siebentausendergrenze war zur Hälfte gesichert. Voy und ich hätten zum Gipfel steigen können.
Wieder war der Morgen sonnig und warm. Wir stiegen über die steiler werdende Flanke aufwärts. Nach je dreißig Schritten hielt ich an, um zu verschnaufen. Dann wieder eins, zwei, drei . . . Diesen Rhythmus hatte ich mir von den erfahrenen Sherpa abgeschaut. Er erlaubte mir ein relativ rasches Weiterkommen. Das war wichtig in dieser objektiv gefährlichen Zone. Voy machte es genauso. In 7000 Meter Höhe erreichten wir ein erstes Materialdepot, behängten uns mit Eisschrauben und stopften Seile in die Rucksäcke.
Unheimlich steil war der Pfeiler! Das Klettern auf den Frontalzacken der Steigeisen war anstrengend. Zu Hause war ich eine Trainingsstrecke über 1000 Höhenmeter in 38 Minuten gelaufen, jetzt war ich nach jeweils dreißig Schritten ausgepumpt. Aber noch ging es aufwärts, mit jedem Schritt aufwärts.
Ich konzentrierte mich derartig auf meine Schritte, auf mein Vorwärtskommen, daß kein Platz mehr war für Angst vor Eislawinen, für später oder vorher, für oben oder unten.
Beim Umkehrpunkt von Hans und Reinhold ging Voy voraus. Ich stand und sicherte ihn über das Seil. Endlich klettern! Ich war ungeduldig vor Zuversicht. Das Eis war spröde. Wie Glas zersplitterte es unter Voys Pickelschlägen. Alles ging unheimlich langsam. Ununterbrochen kamen Eisstücke von oben.
Voy kam nicht weiter. »Mensch, setz doch eine Eisschraube«, dachte ich frierend, »und steig weiter, ruckzuck. Wird schon halten, wenn du fliegst. Sonst kommen wir nie hinauf.« Dann war ich wieder froh, nicht in Voys Haut zu stecken, nicht an dem brüchigen Eisüberhang da oben zu hängen wie eine Fliege an der Wand. Die Sonne verschwand. Ich sah auf die Uhr. Erst eine halbe Seillänge hatte Voy geschafft. Ich zitterte vor Kälte. Wie ein gerupftes Huhn am Nordpol! Verärgert schimpfte ich halblaut vor mich hin. Diese verdammte Untätigkeit war nicht auszuhalten. Dieses erbärmliche Frieren! Hätte anstelle von Voy ich es versuchen sollen? Es hätte wahrscheinlich wenig geändert. Voy war der erfahrenere Bergsteiger.
Weit wären wir so und so nicht mehr gekommen. So stiegen wir zum Zelt ab, in der Hoffnung, anderntags weiterzumachen.

»Bulle teilt uns beiläufig mit, daß er nie mehr die Absicht habe, in diese Wand zu steigen. Er sei schließlich nicht geisteskrank.«
Ulrike Stecher

Das schwierigste Stück am Eispfeiler

»In Mulden und unter senkrechten Eisabbrüchen liegt der Treibschnee oft metertief: er ist körnig, wie Zucker; in der Spur vom Vortag können wir Gräser und Blumen finden. Diese sind vom tibetischen Hochland zu uns herübergetragen worden.«
Reinhold Messner

Es blieb bei der Hoffnung. Das Gas unseres Kochers war größtenteils ausgeflossen. Es reichte gerade noch für einen Liter lauwarmen Wassers. Lakpa, unser Sirdar, wollte nicht allein ins nächstuntere Lager absteigen, um Gaskartuschen zu holen. Er hatte Angst, zu schwach zu sein, um allein gegen die bösen Geister und Götter der Nacht zu bestehen. Am frühen Morgen war es dann zu stürmisch. Wir mußten unbedingt trinken. Wir mußten hinab.
Im Sturm hatte ich Mühe, mich auf den Beinen zu halten. Nicht nur einmal wurden wir umgeblasen. Trotz allem erreichten wir Lager 1. Friedl war da. Er hielt heißen Tee und Suppe bereit. Etwas Warmes kratzte durch meine Kehle, warm und flüssig, mehr spürte ich nicht. Wir hätten jetzt wieder aufsteigen können und ich war dazu bereit. Nicht aber Voy. Wir wären zu kaputt, um oben weiterzumachen, der Wind, die Höhe . . . Wahrscheinlich hatte er recht.
Damit hatte ich meine letzte Chance verspielt. Mit dem Gipfel war es nun vorbei. Jetzt waren Reinhold und Hans wieder an der Reihe. Sie würden es schaffen. Vielleicht würde ich am Ende schön ausgeruht an ihren fixierten Seilen wie ein Tourist über einen Klettersteig hinaufsteigen. Ich kam mir vor wie ein unmündiger Flachländer, der gern einmal Höhenluft geschnuppert hätte. Der schwierigste und gefährlichste Klettersteig der Welt war meine letzte Hoffnung.
Nein, so hatte ich mir meinen Cho Oyu nicht vorgestellt, ganz und gar nicht. Die letzte Seifenblase eines Traumes war geplatzt.
Als Reinhold ein paar Tage später aus der sphärischen Höhe von 7500 Metern funkte, daß sie wegen der zu großen Lawinengefahr aufgaben, war ich überrascht. Trotzdem nahm ich die Nachricht ohne große Emotionen entgegen. Ich hatte meinen Berg schon vorher verspielt.
Eine knappe Woche später verließen wir das Basislager. Es war ein Stück Heimat für uns geworden. Ich war traurig. Jeder wanderte, so schnell er wollte, das Gokyo-Tal hinaus. Mit den ersten Nebelfetzen kam auch schon die Nacht. Mit Anna fand ich Quartier in einer verlassenen Hütte.
Jeder von uns war an seinem Achttausender, an seinem Cho Oyu gewesen. Ich war wohl zuviel mitgegangen und hatte so mich selbst verspielt. Jetzt hatte ich mich wieder. Es war auf dem Heimweg, tief unten im Tal. Nacht. Du mußt aufsteh'n, eine Kerze anzünden und alles aufschreiben.

»Die Entscheidung ist gefallen. Reinhold und Hans sehen keine Möglichkeit mehr, weiterzukommen. Pulverschnee bis zum Bauch. Ob Peter und Voytek weitermachen können?«
Anna Hecher

Hans Peter Eisendle und seine Freundin Anna Hecher am Ende der Expedition

Cho Oyu, 8202 m, Südost und Südwest

»Alles gafft zum Berg, mit Ferngläsern und Stielaugen. Die mögliche, die beste Route, wo ist sie? Wie Chirurgen bei der Operation beobachten wir die Eingeweide der Wand.«
Hans Peter Eisendle

Der Cho Oyu von Westen

Herbert Tichy

Geographische Lage: Mahalangur Himal 28° 05′ 32″ n.Br. 86° 39′ 51″ ö.L.

1921 Während der ersten britischen Everest-Erkundung steigt C. K. Howard-Bury in Richtung Nangpa-La auf, den Paß, der seit Jahrhunderten von den Einheimischen (auch mit Yaks) als Übergang von und nach Nepal benützt wird.

1951 Im Rahmen einer Everest-Erkundung von Süden – Leiter ist E. Shipton – werden der Cho-Oyu-Südkessel sowie die Nordwestseite studiert.

1951 Am Cho Oyu werden Sauerstoffgeräte getestet. E. Hillary und W. Lowe steigen bis zur großen Eisstufe (ca. 6800 m) am Westsporn auf.

1954 Die erste Besteigung des Cho Oyu durch die beiden Österreicher H. Tichy und S. Jöchler sowie den Sherpaführer Pasang Dawa Lama ist ein einzigartiger Erfolg einer Kleinexpedition. Mit nur von vier Sherpa versorgten Lagern und einigen Fixseilen kommt Tichys kleine Mannschaft aus. Der Aufstieg erfolgt ohne Sauerstoffgeräte und im Herbst (19. Oktober).

1954 Zugleich mit Tichys Expedition kommt R. Lambert mit vier Schweizern zum Berg. Er läßt den Österreichern den Vorzug und scheitert Ende Oktober mit Claude Kogan wegen starker Stürme.

1958 Über die Route der Erstbesteiger gelingt im Rahmen einer indischen Expedition den Sherpa S. Gyaltsen und Pasang Dawa Lama die zweite Besteigung.

1959 Eine Frauenexpedition endet mit einer Tragödie. Ein Sherpa stirbt in einer Lawine, das Gipfelteam, C. Kogan, C. van der Stratten und Sherpa Ang Norbu, bleiben verschollen. Vermutlich trifft sie eine Lawine im letzten Lager.

1964 Die von Rudi Rott angeführte Skiexpedition bleibt umstritten. Als die Expedition mit dem Tod G. Hubers und A. Thurmayrs eine tragische Wende nimmt, beweist Stammberger bei der Rettung mit den Sherpa viel Einsatzbereitschaft, Ausdauer und Willen.

1978 Einer deutsch-österreichischen Kleinexpedition gelingt die erste Begehung der Südostwand im Handstreich und ohne Permit (Semialpenstil). E. Koblmüller und A. Furtner erreichen den Gipfel. Diese gefährliche Route ist inzwischen wiederholt versucht worden, stets vergeblich.

1983 In nur 20 Tagen (inklusive Anmarsch) steigen M. Dacher, H. Kammerlander und R. Messner von Lukla bis zum Gipfel. Über einen kleinen Paß im Nangpai-Gosum-Kamm erreichen sie die Südwestflanke und über diese den höchsten Punkt (4. Besteigung?).

Nach einem Versuch im Winter, stieg Reinhold Messner im Frühling '83 über die Südwestflanke zum Gipfel. Der Cho Oyu mit den eingezeichneten Routen (rechts):

Tichy-Route

Nairz-Route;
+ Tod von Reinhard Karl, 1982

Koblmüllerroute, 1978

Winterversuch

Südwestflanke

Der Cho Oyu von Süden

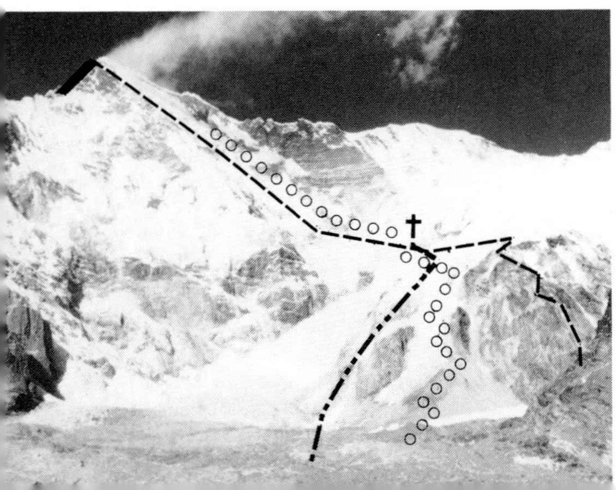

Lageskizze des Cho Oyu

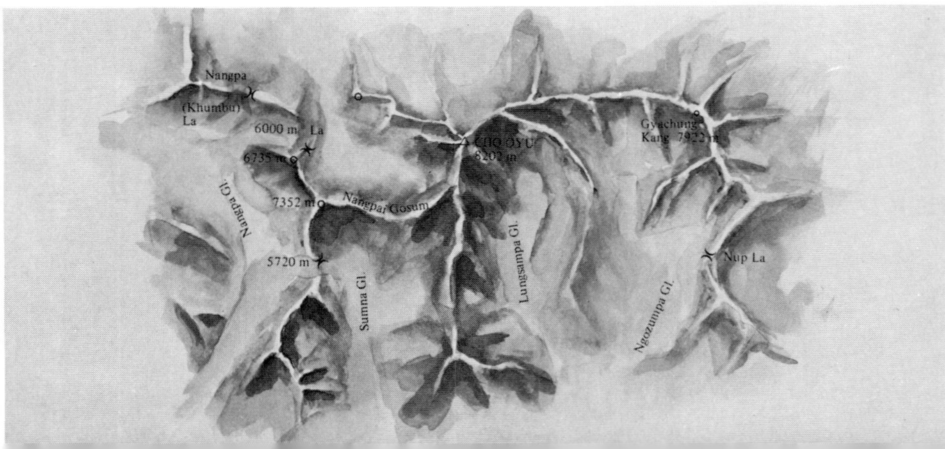

Cho Oyu

»1980, als die Regierung in Nepal ihre Berge für die Winterzeit (1. Dezember bis 31. Januar) freigab, stand ich dem Winterbergsteigen im Himalaja skeptisch gegenüber. Nun leite ich eine Winterexpedition.« Reinhold Messner

»Hans Kammerlander fliegt zum erstenmal in seinem Leben. Reinhold setzt sich neben ihn und erklärt ihm die Alpen von oben. Jene Alpen, die Hans schon tausendmal von unten erklommen hat.« Jul Bruno Laner

Vorhergehende Doppelseite: Yakkarawane auf dem Weg zum Cho-Oyu-Basislager
Blick vom Everest zum Cho Oyu (links)

Der Cho Oyu vom tibetischen Hochland aus
Pressekonferenz der Südtiroler Cho-Oyu-Expedition in Naturns

CHOOYU SOUTH FACE
8153 m WINTER 1982/83
U.D.
WINTER-EXPEDITION 82/83
SYSIPHOS — GESAR LINS
m 8153
CHO OYU

Kathmandu

»Leichen brennen an den Ufern des Bagmati. Süßlich ätzt der weiße Rauch aus Reisstroh. Ulrike raucht drei Tage keine Zigarette mehr.«

Jul Bruno Laner

»Wir gehen an einem kleinen Tempel vorbei. Er ist zerklüftet und dem Einsturz nahe. Der heilige Baum, unter dem Buddha erleuchtet wurde, ist in ihn hineingewachsen und sprengt langsam das Mauerwerk. Der Baum ist heiliger als menschliches Machwerk: man läßt den Baum stehen und den Tempel verfallen. Ich denke an unsere Betonstädte, in denen kein Gras mehr wächst.«

Jul Bruno Laner

Tempellöwe in Kathmandu
Unsere Expeditionsjacken
Stupa von Bodnath
Einkaufsbummel im Thamel
Packen im Garten von Mountain Travel

Lukla

»Am Flughafen in Lukla steht ein Trekker in Bundhosen, roten Strümpfen und rotweißkariertem Hemd; auf den Rucksack genäht seine Fahne – wie eine Art Zugehörigkeitserklärung: schwarz, rot, gold. Woher weiß ich, daß dies die Farben der Bundesrepublik Deutschland sind? Stille Freude, daß ein so Beflaggter nicht in Scharen auftritt.«

Reinhold Messner

Die Landung unserer Maschine
Einheimische am Rande der Landepiste

»Montag, etwas Anständiges werden. Lehrer zum Beispiel, es blieb beim Versuch. Auf den weißen Wolken sitzen und sich treiben lassen. Cho Oyu-Südwand im Winter. Ich habe es gewagt, die Sicherheit aufgegeben und den Gehorsam verweigert. Jetzt bin ich dem Leben ausgesetzt.«

Hans Peter Eisendle

Hans Peter Eisendle und Anna Hecher
Hans Peter, Ulrike, Hans und Uschi auf einem Hausdach in Lukla

»Oft bin ich sehr glücklich hier, auch ohne besonderen Anlaß. Es genügt ein windgeschützter Platz, die Sonne, der weite Himmel, das schöne Land. Und diese Ruhe. Gehen und Schauen. Nichts denken, wissen, daß nette Menschen da sind.«

Anna Hecher

Der Weg zum Berg

»Bulle sagt, er spielt beim Anmarsch nicht Karten, sie würden oben am Berg russisches Roulette spielen.«
Ulrike Stecher

Phortse in Solu Khumbu
Uschi vor dem Ama Dablam

Knapp vor Gokyo

»Den Weg bis zur Basis des Berges – eine Woche Fußmarsch durch tiefe Schluchten, Schnee und Kälte – legen wir mit zwei Dutzend Yaks, einer Handvoll Sherpa und einheimischen Bauern als Träger zurück.«
Reinhold Messner

Das verschneite Namche Bazar
Morgennebel über Khumjung

Die letzten Meter bis zum Basislager

Kosmogral

»In eigens für diese Winterexpedition konstruierten Zelten und Schlafsäcken richten wir uns im Basislager ein.«
Reinhold Messner

Morgendliche Waschung am See

Im Kosmogral

»Heftigste Windböen, Sand- und Schneegeprassel am Zelt. Draußen muß man sich rücklings gegen den Wind stemmen, um noch atmen zu können. Drei Mann sind dabei, Juls Zelt zu reparieren.«
Ulrike Stecher

Sturm im Basislager

Chang, unser Hund, als Fotostar

Lawinen

»Zum erstenmal, seit ich Vanessa kenne, bin ich ohne sie auf einer Expedition. Angst ist da, verursacht oder ausgelöst durch ihr Fehlen. Vanessa und die Nachricht von meinem Tod, so, wie damals Eva und die Nachricht von Reinhards Tod. Auf einem Zettel, von irgendeinem Nepali in die Hand gedrückt, stand: ›Reinhard Karl was killed by an avalanche on Cho Oyu.‹ Vielleicht werden meine Freunde, wenn sie mich finden, meine Gsi-Steine abschneiden und sie Vanessa bringen. Sie ist allein, weil sie mich in meinen Verrücktheiten gestützt hat. Darüber bin ich traurig.«

Oswald Oelz

Lager 1 in einer Gletscherspalte, vor Lawinen geschützt

Eislawine in der Südwand des Cho Oyu

Trümmer einer Eislawine im Eisfall unterhalb von Lager 1

»Weil mir in den Alpen niemand so schnell etwas weismachen kann, ist dort mein Selbstbewußtsein intakt. Hier muß ich völlig neue Dimensionen des Bergsteigens entdecken.«
Hans Peter Eisendle

»Über einen kilometerlangen Gletscher nähern wir uns einer Eiszunge, die wie eine gigantische Marmortreppe auf ein Plateau in 6000 Meter Höhe leitet.«
Reinhold Messner

»Ich fühle mich elend wie nie zuvor. Wenn ich nur unten wäre, wenn nur alles vorbei wäre. Ich sollte endlich dieses Spiel der Leiden an den Nagel hängen.«
Oswald Oelz

Zwei Bergsteiger in den Eiskaskaden unterhalb von Lager 1. Das Plateau am oberen Bildrand war äußerst lawinengefährdet

Lager 2

»Das zweite Hochlager steht geschützt in einer Gletscherspalte. Von hier aus queren wir eine riesige Schneefläche zur Gipfelwand – mit Blick auf das schwarze Dreieck der Mount-Everest-Nordwand.« *Reinhold Messner*

»Der Wind fällt uns plötzlich an wie ein Raubtier, das unvermutet angreift. Wir haben Mühe, nicht umgeworfen zu werden.« *Oswald Oelz*

Lager 2 stand im Schutz einer Eisspalte
Lager 2
Schneesturm auf dem Plateau zum Lager 2

Treibschnee oberhalb von Lager 2
Blick von 7000 m zum Mount Everest

Umkehr

»Die Gipfelwand ist nicht nur steil, 600 Meter unterm Ziel vereitelt metertiefer Treibschnee unser Weiterkommen. Wir geben auf. Lieber gescheitert als tot.«

Reinhold Messner

»Der Abbruch dieser Expedition deprimiert mich. Es ist, als würden wir nicht wiedergeliebt.«

Voytek Kurtyka

Tiefblick zum Eispfeiler und ins Gletscherbecken am Fuße der Gipfelwand

7500 m. Tiefblick bis ins Basislager am rechten Rand der Moräne

Grundloser Treibschnee knapp unter der Umkehrstelle

Reinhold Messner nach dem Scheitern

»Vier Monate später steige ich in einem neuen Anlauf über die Südwestflanke auf den Cho Oyu. Diesmal bis zum Gipfel.« *Reinhold Messner*

»Reinhold kannte meinen heimlichen Wunsch. So bekam ich von ihm das größte Geschenk meines Lebens: einen Achttausender zum 50. Geburtstag.« *Michel Dacher*

»Ich hoffe, ich werde euch in Morgenländern wiedersehen.« *Voytek Kurtyka*

Reinhold Messner und Michl Dacher
Das vorgeschobene Basislager knapp unterm Nangpa La

Die nepalesischen Teilnehmer der Expedition Ang Kami, Phurba und Ang Dorje
Totes Yak im Eisbruch unterm Nangpa La
Das Basislager der zweiten Messner-Expedition zum Cho Oyu bei Nacht

»Wieder ist Hans glücklich, Reinholds Partner zu sein. Ich glaube, daß er sich sehr gut konzentrieren kann.
Er hat eine selbstverständliche Ruhe und sieht die Dinge mit einem optimistischen Realismus. Er achtet Reinhold, hat aber seine ganz eigenständige Vorstellung vom Bergsteigen.«

Ulrike Stecher

Aufstieg an der Cho-Oyu-Südwestflanke
Zustieg zu einem Paß (La) im Nangpai-Gosum

Der Cho Oyu von Südwesten, der Gipfel ist ein riesiges, buckeliges Schneefeld

Reinhold Messner am Gipfel des Cho Oyu. Hans Kammerlander folgt im Hintergrund
Michl Dacher und Reinhold Messner im Schneesturm am Gipfel des Cho Oyu, ganz oben.

Ganz oben

»Über dem Rhododendronwald
teilen sich Geier,
Wolke und Gazeschleier
die Figur Schweben.

Über dem Rhododendronwald
ist für Sisyphos kein Verweilen
auf dem Grat der steilen
Linie Leben.

Der ihn zum Gipfel zwingt,
der Stein, der ihn erhebt,
er rollt zurück. Sein Tal zerbricht.

Er ahnt im Fall sein Gegenlicht
und wie von Dingen unbedingt
die Wolkenwaage schwebt.«

Luis Stefan Stecher

1
4
5
2
3
① ALASKA
Mt. McKinley
② PERU
Jerupaya
③ ARGENTINIEN
Aconcagua
④ EUROPA
Ostalpen: Dolomiten
Ortlergruppe
Zillertaler Alpen
Wilder Kaiser
Rieserfernergruppe
Julische Alpen
Westalpen: Mont Blanc-Gruppe
Wallis
Berner Oberland
Bergell
Montserrat
⑤ ALGERIEN
Hoggar
⑥ KENIA
Mt. Kenya
⑦ TANSANIA
Kilimandscharo
Mawenzi
⑧ PERSIEN
Demavend
⑨ AFGHANISTAN
Hindukusch: Asp e Safed
Noshaq
⑩ PAKISTAN
Karakorum: K2
Hidden Peak
Gasherbrum II
Broad Peak
Westl. Himalaja: Nanga Parbat

⑪ NEPAL
Himalaja: Manaslu
Kangchendzönga
Tent Peak
Dhaulagiri
Everest-Süd
Makalu
Lhotse
Ama Dablam
Island Peak
Cho Oyu

⑫ TIBET
Everest-Nord
Shisha Pangma

⑬ NEU-GUINEA
Carstensz-Gebirge

⑭ JAPAN
Fujijama

»Die Erinnerung ist nur noch eine Auslese und es scheint mir fast unmöglich, die starken Bilder in ihrer Unmittelbarkeit wieder wachzurufen. Die Tage des Gehens waren mit Erlebnissen vollgepackt, und ich habe es nie geschafft, sie am gleichen Tag aufzuschreiben, weil ich viel zu müde war. Wie Reinhold das nur schafft?«

Ulrike Stecher

4
5
6